AF204954

Mein persönliches

Fangbuch

Einbandgestaltung: Luis dos Santos
Titelfoto: Frank Weissert
Abbildungen: Frank Weissert

ISBN 978-3-275-01844-4

Copyright © by Müller Rüschlikon Verlag,
Postfach 103743, 70032 Stuttgart
Ein Unternehmen der Paul Pietsch Verlage GmbH & Co.

Sie finden uns im Internet unter
www.mueller-rueschlikon.de

4. Auflage 2021

Der Titel ist bereits in 4 Auflagen unter
der ISBN 3-275-01277-0 erschienen.

Innengestaltung:
NovoTec GmbH, 73765 Neuhausen

Druck und Bindung: Graspo CZ, 76302 Zlin
Printed in Czech Republic

Warum ein Fangbuch?

Eines ist sicher: Die Minuten und Stunden am Fischwasser zählen zu den schönsten und immer wieder spannenden Augenblicken im Leben. Nimmt ein Fisch dann noch den Köder, möchte der Angler kaum mit jemandem tauschen – vor allem wenn er ein besonders schönes Exemplar glücklich landet.

Leider sind diese Zeiten vergänglich. Was bleibt, sind Erinnerungen, vielleicht unterstützt von einem Foto. Leider geraten die näheren Umstände des Fangs oft schnell in Vergessenheit. Schade eigentlich, denn festgehaltene Einzelheiten, wie Wetter, Wasserstand oder Mondphase, können durchaus zu weiteren guten Fängen führen. Denn jedes Gewässer bringt durch unterschiedliche Einflüsse entsprechend verschieden gute Fangergebnisse.

Besser fangen mit System

Allerdings muss der Fischer eine Liste führen, in die er an jedem Angeltag alle wesentlichen Daten einträgt. Nach einiger Zeit lassen sich wie aus einer Statistik besonders erfolgversprechende oder zum Angeln weniger geeignete Umstände für das jeweilige Gewässer und für bestimmte Fischarten ablesen.

Genau dazu dient dieses handliche Buch, das sich problemlos ans Wasser mitnehmen lässt – am besten in eine Plastikhülle eingewickelt, die es auch bei einem Sturz ins Wasser vor Feuchtigkeit schützt.

Nicht zuletzt bildet es im Laufe der Zeit, ein Werk, in das man gerne an einem kalten, verregneten Tag schaut, und so die Erlebnisse anhand der Einträge und der vielleicht eingeklebten Fotos noch einmal Revue passieren lässt. Übrigens sollten Bilder nicht mit den Oberflächen aufeinanderliegen, weshalb entweder auf einer Doppelseite nur ein einzelnes Platz findet oder eine zurechtgeschnittenes und mit Tesafilm befestigtes Blatt Pergamentpapier die Fotos trennt. Allerdings tragen etwa 20 Fotos doch ziemlich auf, weshalb ein einzelnes je Doppelseite das Buch besser in seiner Form hält. Als flache Alternative bieten sich Zeichnungen an.

Werkzeuge

Wer seine Fänge nur mit wenigen, leicht erkennbaren Details wie Bewölkung oder Windstärke dokumentieren möchte, kann alleine mit dem meist vorgeschriebenen Maßband in der Ausrüstung ans Wasser gehen.

Alle anderen Angler benötigen noch ein paar Hilfsmittel. Während ein Barometer in so manchem Haushalt hängt und eine Uhr die meisten Handgelenke ziert, muss der Fachhändler in Sachen Fischwaage und Thermometer für die Wassertemperatur etwas nachhelfen.

Da sich mit dem Temperaturmesser aus der Hand nur die Wärme der Luft und des Oberflächenwassers ermitteln lässt, sollte er eine Öse besitzen. Damit findet er unter anderem im Karabiner eines Wirbels Halt und kann so an der Angelmontage in die gewünschte Tiefe befördert werden. Übrigens spürt das Thermometer auch unterschiedlich warme Wasserschichten und -bereiche in einem Gewässer auf.

So geht's

Jetzt müssen die ermittelten Werte nur noch eingetragen werden, was bestimmt keine Probleme bereitet. Trotzdem hier zwei Hinweise: Die Pfeile beim Luftdruck stehen für steigende, fallende oder gleichbleibende Tendenz. Weht der Wind beispielsweise von Nordwesten, kreuzt man unter »Windrichtung« einfach die Kästchen »Nord« und »West« an. Wenn alle Seiten des Buchs ausgefüllt sind, hält der Fachhändler für wenig Geld ein weiteres Exemplar bereit.

Gut behandelt

Jetzt noch kurz etwas zum Umgang mit den Fischen. Soll ein Tier in der Küche landen, dann muss es vor dem Wiegen und Messen mit einem kräftigen Schlag auf den Kopf betäubt und anschließend per Herzstich getötet werden. Wenn ein Fisch jedoch zurückgesetzt werden soll, ist zur Schonung der empfindlichen Schleimschicht der Haut äußerste Vorsicht geboten. Das beginnt bereits mit dem Einsatz von Haken ohne Widerhaken, einem knotenlosen Keschernetz sowie angefeuchteten Händen.

Nach der Landung sollte der Fisch idealerweise auf einer glatten, feuchten Unterlage (Abhakmatte) gemessen werden; zum Wiegen kommt er schließlich in eine am besten innen mit Wasser benetzte Plastiktüte oder einen speziellen Sack für Großfische (eine blaue Tasche eines bekannten schwedischen Möbelhauses tut´s notfalls auch).

Jetzt noch schnell ein Erinnerungsfoto, wobei der Angler den Fang für den Fall eines Befreiungsversuchs knapp über dem Boden hält – und das Tier wird in sein Element entlassen (nicht geworfen!).

Das Zurücksetzen gefangener Fische ist ein wichtiger Beitrag zum Schutz der Bestände, was natürlich nicht gegen Mitnehmen des einen oder anderen Tieres spricht. Auch das gehört zum Angeln.

Viel Freude und Erfolg beim Fischen!

Frank Weissert

www.angelbuch.de

Gewässer: _Neckar bei Wendlingen_

GPS: _48_ ° _40_ ' _29. 85_ " N/S

_90_ ° _22_ ' _07. 23_ " O/W

Datum: _19_ / _8_ / 20 _11_

Beginn: _18_ : _00_ Uhr

Ende: _22_ : _45_ Uhr

Wassertemperatur: _18_ °C   **Lufttemperatur:** _25_ °C

Wasserstand
- [X] niedrig
- [ ] normal
- [ ] hoch

Wasserfärbung
- [ ] klar
- [X] leicht trüb
- [ ] trüb
- [ ] sehr trüb

Wetter
- [ ] sonnig
- [X] wechselhaft
- [ ] bewölkt
- [ ] Regen
- [ ] Schnee

Windstärke
- [ ] still
- [X] leicht
- [ ] kräftig
- [ ] stürmisch

Windrichtung
- [ ] Nord
- [ ] Ost
- [X] Süd
- [X] West

Tide
- [ ] niedrig
- [ ] fließend
- [ ] ablaufend
- [ ] hoch

Luftdruck
- [ ] ↑
- [X] →
- [ ] ↓
- _1013_ mba

Mondphase
- [ ] neu
- [X] zunehmend
- [ ] voll
- [ ] abnehmend

Fischart	Uhrzeit	Länge	Gewicht	Köder	Montage	Tiefe / Platz
Barbe	21 : 40	58 cm	1650 g	Frühstücksfleisch	Grund, Birnenblei 10g	Bachmündung
Döbel	21 : 55	40 cm	800 g	s.o.	s.o.	s.o.
	:	cm	g			
	:	cm	g			
	:	cm	g			
	:	cm	g			
	:	cm	g			
	:	cm	g			
	:	cm	g			
	:	cm	g			

merkungen:

Keine Bisse mehr nach Abenddämmerung

Gewässer: _____	Datum: ____ / ____ / 20___
GPS: ____°____'____" N/S	Beginn: ____ : ____ Uhr
____°____'____" O/W	Ende: ____ : ____ Uhr

Wassertemperatur: _____°C   Lufttemperatur: _____°C

Wasserstand
- [ ] niedrig
- [ ] normal
- [ ] hoch

Wasserfärbung
- [ ] klar
- [ ] leicht trüb
- [ ] trüb
- [ ] sehr trüb

Wetter
- [ ] sonnig
- [ ] wechselhaft
- [ ] bewölkt
- [ ] Regen
- [ ] Schnee

Windstärke
- [ ] still
- [ ] leicht
- [ ] kräftig
- [ ] stürmisch

Windrichtung
- [ ] Nord
- [ ] Ost
- [ ] Süd
- [ ] West

Tide
- [ ] niedrig
- [ ] fließend
- [ ] ablaufend
- [ ] hoch

Luftdruck
- [ ] ↑
- [ ] →
- [ ] ↓
- ____ mba

Mondphase
- [ ] neu
- [ ] zunehmend
- [ ] voll
- [ ] abnehmend

Fischart	Uhrzeit	Länge	Gewicht	Köder	Montage	Tiefe / Platz
	:	cm	g			
	:	cm	g			
	:	cm	g			
	:	cm	g			
	:	cm	g			
	:	cm	g			
	:	cm	g			
	:	cm	g			
	:	cm	g			
	:	cm	g			

merkungen:

Gewässer: _____

GPS: _____ ° _____ ' _____ " N/S
_____ ° _____ ' _____ " O/W

Datum: _____ / _____ / 20_____
Beginn: _____ : _____ Uhr
Ende: _____ : _____ Uhr

Wassertemperatur: _____ °C   **Lufttemperatur:** _____ °C

Wasserstand
- [ ] niedrig
- [ ] normal
- [ ] hoch

Wasserfärbung
- [ ] klar
- [ ] leicht trüb
- [ ] trüb
- [ ] sehr trüb

Wetter
- [ ] sonnig
- [ ] wechselhaft
- [ ] bewölkt
- [ ] Regen
- [ ] Schnee

Windstärke
- [ ] still
- [ ] leicht
- [ ] kräftig
- [ ] stürmisch

Windrichtung
- [ ] Nord
- [ ] Ost
- [ ] Süd
- [ ] West

Tide
- [ ] niedrig
- [ ] fließend
- [ ] ablaufend
- [ ] hoch

Luftdruck
- [ ] ↑
- [ ] →
- [ ] ↓
- _____ mba

Mondphase
- [ ] neu
- [ ] zunehmend
- [ ] voll
- [ ] abnehmend

Fischart	Uhrzeit	Länge	Gewicht	Köder	Montage	Tiefe / Platz
	:	cm	g			
	:	cm	g			
	:	cm	g			
	:	cm	g			
	:	cm	g			
	:	cm	g			
	:	cm	g			
	:	cm	g			
	:	cm	g			
	:	cm	g			

merkungen:

Gewässer: _____

GPS: ____° ____' _____" N/S

____° ____' _____" O/W

Datum: _____ / _____ / 20____

Beginn: _____ : _____ Uhr

Ende: _____ : _____ Uhr

Wassertemperatur: _____°C   Lufttemperatur: _____°C

Wasserstand
- [ ] niedrig
- [ ] normal
- [ ] hoch

Wasserfärbung
- [ ] klar
- [ ] leicht trüb
- [ ] trüb
- [ ] sehr trüb

Wetter
- [ ] sonnig
- [ ] wechselhaft
- [ ] bewölkt
- [ ] Regen
- [ ] Schnee

Windstärke
- [ ] still
- [ ] leicht
- [ ] kräftig
- [ ] stürmisch

Windrichtung
- [ ] Nord
- [ ] Ost
- [ ] Süd
- [ ] West

Tide
- [ ] niedrig
- [ ] fließend
- [ ] ablaufend
- [ ] hoch

Luftdruck
- [ ] ↑
- [ ] →
- [ ] ↓
- _____ mba

Mondphase
- [ ] neu
- [ ] zunehmend
- [ ] voll
- [ ] abnehmend

Fischart	Uhrzeit	Länge	Gewicht	Köder	Montage	Tiefe / Platz
	:	cm	g			
	:	cm	g			
	:	cm	g			
	:	cm	g			
	:	cm	g			
	:	cm	g			
	:	cm	g			
	:	cm	g			
	:	cm	g			
	:	cm	g			

merkungen:

Gewässer: _____

GPS: _____ ° _____ ' _____ " N/S

_____ ° _____ ' _____ " O/W

Datum: _____ / _____ / 20_____

Beginn: _____ : _____ Uhr

Ende: _____ : _____ Uhr

Wassertemperatur: _____ °C   **Lufttemperatur:** _____ °C

Wasserstand
☐ niedrig
☐ normal
☐ hoch

Wasserfärbung
☐ klar
☐ leicht trüb
☐ trüb
☐ sehr trüb

Wetter
☐ sonnig
☐ wechselhaft
☐ bewölkt
☐ Regen
☐ Schnee

Windstärke
☐ still
☐ leicht
☐ kräftig
☐ stürmisch

Windrichtung
☐ Nord
☐ Ost
☐ Süd
☐ West

Tide
☐ niedrig
☐ fließend
☐ ablaufend
☐ hoch

Luftdruck
☐ ↑
☐ →
☐ ↓
_____ mba

Mondphase
☐ neu
☐ zunehmend
☐ voll
☐ abnehmend

Fischart	Uhrzeit	Länge	Gewicht	Köder	Montage	Tiefe / Platz
	:	cm	g			
	:	cm	g			
	:	cm	g			
	:	cm	g			
	:	cm	g			
	:	cm	g			
	:	cm	g			
	:	cm	g			
	:	cm	g			
	:	cm	g			

merkungen:

Gewässer: _____	Datum: _____ / _____ / 20___
GPS: _____ ° _____ ' _____ " N/S	Beginn: _____ : _____ Uhr
_____ ° _____ ' _____ " O/W	Ende: _____ : _____ Uhr

Wassertemperatur: _____ °C **Lufttemperatur:** _____ °C

Wasserstand
- [ ] niedrig
- [ ] normal
- [ ] hoch

Wasserfärbung
- [ ] klar
- [ ] leicht trüb
- [ ] trüb
- [ ] sehr trüb

Wetter
- [ ] sonnig
- [ ] wechselhaft
- [ ] bewölkt
- [ ] Regen
- [ ] Schnee

Windstärke
- [ ] still
- [ ] leicht
- [ ] kräftig
- [ ] stürmisch

Windrichtung
- [ ] Nord
- [ ] Ost
- [ ] Süd
- [ ] West

Tide
- [ ] niedrig
- [ ] fließend
- [ ] ablaufend
- [ ] hoch

Luftdruck
- [ ] ↑
- [ ] →
- [ ] ↓

_____ mba

Mondphase
- [ ] neu
- [ ] zunehmend
- [ ] voll
- [ ] abnehmend

Fischart	Uhrzeit	Länge	Gewicht	Köder	Montage	Tiefe / Platz
	:	cm	g			
	:	cm	g			
	:	cm	g			
	:	cm	g			
	:	cm	g			
	:	cm	g			
	:	cm	g			
	:	cm	g			
	:	cm	g			
	:	cm	g			

merkungen:

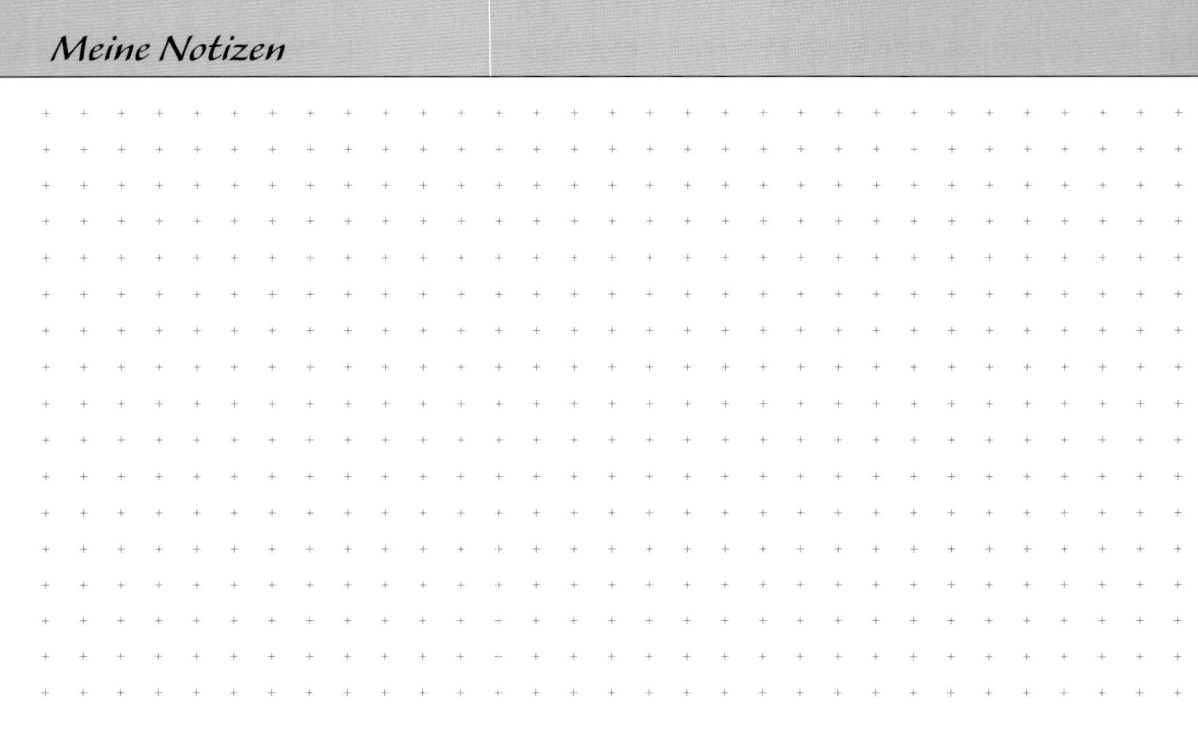

Meine Notizen

Gewässer: _____	Datum: _____ / _____ / 20___
GPS: _____ ° _____ ' _____ " N/S	Beginn: _____ : _____ Uhr
_____ ° _____ ' _____ " O/W	Ende: _____ : _____ Uhr

Wassertemperatur: _____ °C   **Lufttemperatur:** _____ °C

Wasserstand
- ☐ niedrig
- ☐ normal
- ☐ hoch

Wasserfärbung
- ☐ klar
- ☐ leicht trüb
- ☐ trüb
- ☐ sehr trüb

Wetter
- ☐ sonnig
- ☐ wechselhaft
- ☐ bewölkt
- ☐ Regen
- ☐ Schnee

Windstärke
- ☐ still
- ☐ leicht
- ☐ kräftig
- ☐ stürmisch

Windrichtung
- ☐ Nord
- ☐ Ost
- ☐ Süd
- ☐ West

Tide
- ☐ niedrig
- ☐ fließend
- ☐ ablaufend
- ☐ hoch

Luftdruck
- ☐ ↑
- ☐ →
- ☐ ↓
- _____ mba

Mondphase
- ☐ neu
- ☐ zunehmend
- ☐ voll
- ☐ abnehmend

Fischart	Uhrzeit	Länge	Gewicht	Köder	Montage	Tiefe / Platz
	:	cm	g			
	:	cm	g			
	:	cm	g			
	:	cm	g			
	:	cm	g			
	:	cm	g			
	:	cm	g			
	:	cm	g			
	:	cm	g			
	:	cm	g			

nerkungen:

Gewässer: _____	Datum: ____ / ____ / 20____
GPS: ____° ____' ____" N/S	Beginn: ____ : ____ Uhr
____° ____' ____" O/W	Ende: ____ : ____ Uhr

Wassertemperatur: _____°C   Lufttemperatur: _____°C

Wasserstand
- [ ] niedrig
- [ ] normal
- [ ] hoch

Wasserfärbung
- [ ] klar
- [ ] leicht trüb
- [ ] trüb
- [ ] sehr trüb

Wetter
- [ ] sonnig
- [ ] wechselhaft
- [ ] bewölkt
- [ ] Regen
- [ ] Schnee

Windstärke
- [ ] still
- [ ] leicht
- [ ] kräftig
- [ ] stürmisch

Windrichtung
- [ ] Nord
- [ ] Ost
- [ ] Süd
- [ ] West

Tide
- [ ] niedrig
- [ ] fließend
- [ ] ablaufend
- [ ] hoch

Luftdruck
- [ ] ↑
- [ ] →
- [ ] ↓
- ____ mba

Mondphase
- [ ] neu
- [ ] zunehmend
- [ ] voll
- [ ] abnehmend

Fischart	Uhrzeit	Länge	Gewicht	Köder	Montage	Tiefe / Platz
	:	cm	g			
	:	cm	g			
	:	cm	g			
	:	cm	g			
	:	cm	g			
	:	cm	g			
	:	cm	g			
	:	cm	g			
	:	cm	g			
	:	cm	g			

nerkungen:

Gewässer: _____	Datum: ____ / ____ / 20___
GPS: ____° ____' ____" N/S	Beginn: ____ : ____ Uhr
____° ____' ____" O/W	Ende: ____ : ____ Uhr

Wassertemperatur: _____°C **Lufttemperatur:** _____°C

Wasserstand
- niedrig
- normal
- hoch

Wasserfärbung
- klar
- leicht trüb
- trüb
- sehr trüb

Wetter
- sonnig
- wechselhaft
- bewölkt
- Regen
- Schnee

Windstärke
- still
- leicht
- kräftig
- stürmisch

Windrichtung
- Nord
- Ost
- Süd
- West

Tide
- niedrig
- fließend
- ablaufend
- hoch

Luftdruck
- ↑
- →
- ↓
- ____ mba

Mondphase
- neu
- zunehmend
- voll
- abnehmend

Fischart	Uhrzeit	Länge	Gewicht	Köder	Montage	Tiefe / Platz
	:	cm	g			
	:	cm	g			
	:	cm	g			
	:	cm	g			
	:	cm	g			
	:	cm	g			
	:	cm	g			
	:	cm	g			
	:	cm	g			
	:	cm	g			

merkungen:

Gewässer: _____	Datum: _____ / _____ / 20___
GPS: _____ ° _____ ' _____ " N/S	Beginn: _____ : _____ Uhr
_____ ° _____ ' _____ " O/W	Ende: _____ : _____ Uhr

Wassertemperatur: _____ °C   Lufttemperatur: _____ °C

Wasserstand
- [ ] niedrig
- [ ] normal
- [ ] hoch

Wasserfärbung
- [ ] klar
- [ ] leicht trüb
- [ ] trüb
- [ ] sehr trüb

Wetter
- [ ] sonnig
- [ ] wechselhaft
- [ ] bewölkt
- [ ] Regen
- [ ] Schnee

Windstärke
- [ ] still
- [ ] leicht
- [ ] kräftig
- [ ] stürmisch

Windrichtung
- [ ] Nord
- [ ] Ost
- [ ] Süd
- [ ] West

Tide
- [ ] niedrig
- [ ] fließend
- [ ] ablaufend
- [ ] hoch

Luftdruck
- [ ] ↑
- [ ] →
- [ ] ↓
- _____ mba

Mondphase
- [ ] neu
- [ ] zunehmend
- [ ] voll
- [ ] abnehmend

Fischart	Uhrzeit	Länge	Gewicht	Köder	Montage	Tiefe / Platz
	:	cm	g			
	:	cm	g			
	:	cm	g			
	:	cm	g			
	:	cm	g			
	:	cm	g			
	:	cm	g			
	:	cm	g			
	:	cm	g			
	:	cm	g			

merkungen:

Gewässer: _____

GPS: _____°_____'_____" N/S

_____°_____'_____" O/W

Datum: _____ / _____ / 20____

Beginn: _____ : _____ Uhr

Ende: _____ : _____ Uhr

Wassertemperatur: _____°C   Lufttemperatur: _____°C

Wasserstand
- [ ] niedrig
- [ ] normal
- [ ] hoch

Wasserfärbung
- [ ] klar
- [ ] leicht trüb
- [ ] trüb
- [ ] sehr trüb

Wetter
- [ ] sonnig
- [ ] wechselhaft
- [ ] bewölkt
- [ ] Regen
- [ ] Schnee

Windstärke
- [ ] still
- [ ] leicht
- [ ] kräftig
- [ ] stürmisch

Windrichtung
- [ ] Nord
- [ ] Ost
- [ ] Süd
- [ ] West

Tide
- [ ] niedrig
- [ ] fließend
- [ ] ablaufend
- [ ] hoch

Luftdruck
- [ ] ↑
- [ ] →
- [ ] ↓
- _____ mba

Mondphase
- [ ] neu
- [ ] zunehmend
- [ ] voll
- [ ] abnehmend

Fischart	Uhrzeit	Länge	Gewicht	Köder	Montage	Tiefe / Platz
	:	cm	g			
	:	cm	g			
	:	cm	g			
	:	cm	g			
	:	cm	g			
	:	cm	g			
	:	cm	g			
	:	cm	g			
	:	cm	g			
	:	cm	g			

merkungen:

Meine Notizen

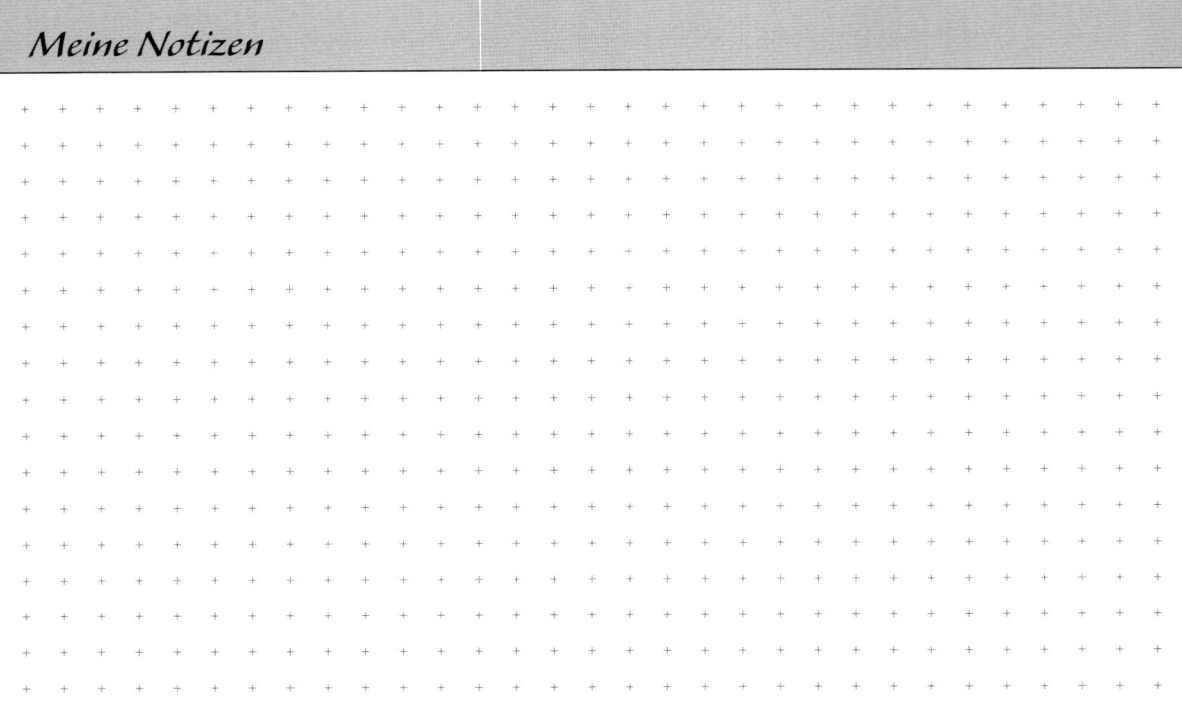

Gewässer: _____

GPS: ____° ____' ____" N/S
____° ____' ____" O/W

Datum: ____ / ____ / 20____
Beginn: ____ : ____ Uhr
Ende: ____ : ____ Uhr

Wassertemperatur: _____°C   Lufttemperatur: _____°C

Wasserstand
- [ ] niedrig
- [ ] normal
- [ ] hoch

Wasserfärbung
- [ ] klar
- [ ] leicht trüb
- [ ] trüb
- [ ] sehr trüb

Wetter
- [ ] sonnig
- [ ] wechselhaft
- [ ] bewölkt
- [ ] Regen
- [ ] Schnee

Windstärke
- [ ] still
- [ ] leicht
- [ ] kräftig
- [ ] stürmisch

Windrichtung
- [ ] Nord
- [ ] Ost
- [ ] Süd
- [ ] West

Tide
- [ ] niedrig
- [ ] fließend
- [ ] ablaufend
- [ ] hoch

Luftdruck
- [ ] ↑
- [ ] →
- [ ] ↓
- ____ mba

Mondphase
- [ ] neu
- [ ] zunehmend
- [ ] voll
- [ ] abnehmend

Fischart	Uhrzeit	Länge	Gewicht	Köder	Montage	Tiefe / Platz
	:	cm	g			
	:	cm	g			
	:	cm	g			
	:	cm	g			
	:	cm	g			
	:	cm	g			
	:	cm	g			
	:	cm	g			
	:	cm	g			
	:	cm	g			

nerkungen:

Gewässer:	Datum: ____ / ____ / 20____

Gewässer: _____

GPS: ____°____'____" N/S

____°____'____" O/W

Datum: ____ / ____ / 20____

Beginn: ____ : ____ Uhr

Ende: ____ : ____ Uhr

Wassertemperatur: _____°C   Lufttemperatur: _____°C

Wasserstand
- [ ] niedrig
- [ ] normal
- [ ] hoch

Wasserfärbung
- [ ] klar
- [ ] leicht trüb
- [ ] trüb
- [ ] sehr trüb

Wetter
- [ ] sonnig
- [ ] wechselhaft
- [ ] bewölkt
- [ ] Regen
- [ ] Schnee

Windstärke
- [ ] still
- [ ] leicht
- [ ] kräftig
- [ ] stürmisch

Windrichtung
- [ ] Nord
- [ ] Ost
- [ ] Süd
- [ ] West

Tide
- [ ] niedrig
- [ ] fließend
- [ ] ablaufend
- [ ] hoch

Luftdruck
- [ ] ↑
- [ ] →
- [ ] ↓
- ____ mba

Mondphase
- [ ] neu
- [ ] zunehmend
- [ ] voll
- [ ] abnehmend

Fischart	Uhrzeit	Länge	Gewicht	Köder	Montage	Tiefe / Platz
	:	cm	g			
	:	cm	g			
	:	cm	g			
	:	cm	g			
	:	cm	g			
	:	cm	g			
	:	cm	g			
	:	cm	g			
	:	cm	g			
	:	cm	g			

nerkungen:

Gewässer: _____		Datum: _____ / _____ / 20___
GPS: ____°____'____" N/S		Beginn: _____ : _____ Uhr
____°____'____" O/W		Ende: _____ : _____ Uhr

Wassertemperatur: _____°C   Lufttemperatur: _____°C

Wasserstand
☐ niedrig
☐ normal
☐ hoch

Wasserfärbung
☐ klar
☐ leicht trüb
☐ trüb
☐ sehr trüb

Wetter
☐ sonnig
☐ wechselhaft
☐ bewölkt
☐ Regen
☐ Schnee

Windstärke
☐ still
☐ leicht
☐ kräftig
☐ stürmisch

Windrichtung
☐ Nord
☐ Ost
☐ Süd
☐ West

Tide
☐ niedrig
☐ fließend
☐ ablaufend
☐ hoch

Luftdruck
☐ ↑
☐ →
☐ ↓
_____ mba

Mondphase
☐ neu
☐ zunehmend
☐ voll
☐ abnehmend

Fischart	Uhrzeit	Länge	Gewicht	Köder	Montage	Tiefe / Platz
	:	cm	g			
	:	cm	g			
	:	cm	g			
	:	cm	g			
	:	cm	g			
	:	cm	g			
	:	cm	g			
	:	cm	g			
	:	cm	g			
	:	cm	g			

nerkungen:

Gewässer: _____

GPS: _____ ° _____ ' _____ " N/S

_____ ° _____ ' _____ " O/W

Datum: _____ / _____ / 20 _____

Beginn: _____ : _____ Uhr

Ende: _____ : _____ Uhr

Wassertemperatur: _____ °C   Lufttemperatur: _____ °C

Wasserstand
- [ ] niedrig
- [ ] normal
- [ ] hoch

Wasserfärbung
- [ ] klar
- [ ] leicht trüb
- [ ] trüb
- [ ] sehr trüb

Wetter
- [ ] sonnig
- [ ] wechselhaft
- [ ] bewölkt
- [ ] Regen
- [ ] Schnee

Windstärke
- [ ] still
- [ ] leicht
- [ ] kräftig
- [ ] stürmisch

Windrichtung
- [ ] Nord
- [ ] Ost
- [ ] Süd
- [ ] West

Tide
- [ ] niedrig
- [ ] fließend
- [ ] ablaufend
- [ ] hoch

Luftdruck
- [ ] ↑
- [ ] →
- [ ] ↓
- _____ mba

Mondphase
- [ ] neu
- [ ] zunehmend
- [ ] voll
- [ ] abnehmend

Fischart	Uhrzeit	Länge	Gewicht	Köder	Montage	Tiefe / Platz
	:	cm	g			
	:	cm	g			
	:	cm	g			
	:	cm	g			
	:	cm	g			
	:	cm	g			
	:	cm	g			
	:	cm	g			
	:	cm	g			
	:	cm	g			

merkungen:

Gewässer: _____

GPS: _____ ° _____ ' _____ " N/S
_____ ° _____ ' _____ " O/W

Datum: _____ / _____ / 20 _____
Beginn: _____ : _____ Uhr
Ende: _____ : _____ Uhr

Wassertemperatur: _____ °C   **Lufttemperatur:** _____ °C

Wasserstand
- ☐ niedrig
- ☐ normal
- ☐ hoch

Wasserfärbung
- ☐ klar
- ☐ leicht trüb
- ☐ trüb
- ☐ sehr trüb

Wetter
- ☐ sonnig
- ☐ wechselhaft
- ☐ bewölkt
- ☐ Regen
- ☐ Schnee

Windstärke
- ☐ still
- ☐ leicht
- ☐ kräftig
- ☐ stürmisch

Windrichtung
- ☐ Nord
- ☐ Ost
- ☐ Süd
- ☐ West

Tide
- ☐ niedrig
- ☐ fließend
- ☐ ablaufend
- ☐ hoch

Luftdruck
- ☐ ↑
- ☐ →
- ☐ ↓
- _____ mba

Mondphase
- ☐ neu
- ☐ zunehmend
- ☐ voll
- ☐ abnehmend

Fischart	Uhrzeit	Länge	Gewicht	Köder	Montage	Tiefe / Platz
	:	cm	g			
	:	cm	g			
	:	cm	g			
	:	cm	g			
	:	cm	g			
	:	cm	g			
	:	cm	g			
	:	cm	g			
	:	cm	g			
	:	cm	g			

merkungen:

Meine Notizen

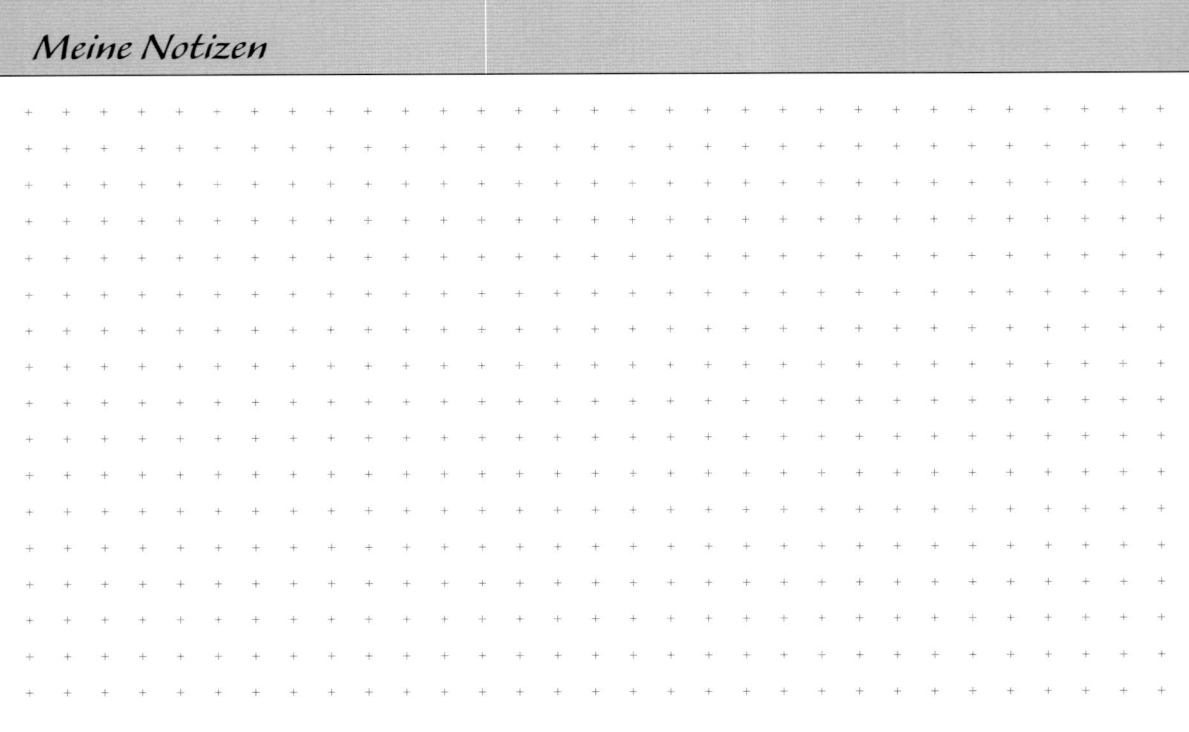

Gewässer: _____

GPS: _____ ° _____ ' _____ " N/S

_____ ° _____ ' _____ " O/W

Datum: _____ / _____ / 20_____

Beginn: _____ : _____ Uhr

Ende: _____ : _____ Uhr

Wassertemperatur: _____ °C   Lufttemperatur: _____ °C

Wasserstand
- [ ] niedrig
- [ ] normal
- [ ] hoch

Wasserfärbung
- [ ] klar
- [ ] leicht trüb
- [ ] trüb
- [ ] sehr trüb

Wetter
- [ ] sonnig
- [ ] wechselhaft
- [ ] bewölkt
- [ ] Regen
- [ ] Schnee

Windstärke
- [ ] still
- [ ] leicht
- [ ] kräftig
- [ ] stürmisch

Windrichtung
- [ ] Nord
- [ ] Ost
- [ ] Süd
- [ ] West

Tide
- [ ] niedrig
- [ ] fließend
- [ ] ablaufend
- [ ] hoch

Luftdruck
- [ ] ↑
- [ ] →
- [ ] ↓
- _____ mba

Mondphase
- [ ] neu
- [ ] zunehmend
- [ ] voll
- [ ] abnehmend

Fischart	Uhrzeit	Länge	Gewicht	Köder	Montage	Tiefe / Platz
	:	cm	g			
	:	cm	g			
	:	cm	g			
	:	cm	g			
	:	cm	g			
	:	cm	g			
	:	cm	g			
	:	cm	g			
	:	cm	g			
	:	cm	g			

merkungen:

Gewässer: _____

GPS: ____°____'_____" N/S

____°____'_____" O/W

Datum: _____ / _____ / 20____

Beginn: _____ : _____ Uhr

Ende: _____ : _____ Uhr

Wassertemperatur: _____°C   **Lufttemperatur:** _____°C

Wasserstand
- [ ] niedrig
- [ ] normal
- [ ] hoch

Wasserfärbung
- [ ] klar
- [ ] leicht trüb
- [ ] trüb
- [ ] sehr trüb

Wetter
- [ ] sonnig
- [ ] wechselhaft
- [ ] bewölkt
- [ ] Regen
- [ ] Schnee

Windstärke
- [ ] still
- [ ] leicht
- [ ] kräftig
- [ ] stürmisch

Windrichtung
- [ ] Nord
- [ ] Ost
- [ ] Süd
- [ ] West

Tide
- [ ] niedrig
- [ ] fließend
- [ ] ablaufend
- [ ] hoch

Luftdruck
- [ ] ↑
- [ ] →
- [ ] ↓
- _____ mba

Mondphase
- [ ] neu
- [ ] zunehmend
- [ ] voll
- [ ] abnehmend

Fischart	Uhrzeit	Länge	Gewicht	Köder	Montage	Tiefe / Platz
	:	cm	g			
	:	cm	g			
	:	cm	g			
	:	cm	g			
	:	cm	g			
	:	cm	g			
	:	cm	g			
	:	cm	g			
	:	cm	g			
	:	cm	g			

nerkungen:

Gewässer: _____

GPS: _____ ° _____ ' _____ " N/S

_____ ° _____ ' _____ " O/W

Datum: _____ / _____ / 20_____

Beginn: _____ : _____ Uhr

Ende: _____ : _____ Uhr

Wassertemperatur: _____ °C   Lufttemperatur: _____ °C

Wasserstand
- [ ] niedrig
- [ ] normal
- [ ] hoch

Wasserfärbung
- [ ] klar
- [ ] leicht trüb
- [ ] trüb
- [ ] sehr trüb

Wetter
- [ ] sonnig
- [ ] wechselhaft
- [ ] bewölkt
- [ ] Regen
- [ ] Schnee

Windstärke
- [ ] still
- [ ] leicht
- [ ] kräftig
- [ ] stürmisch

Windrichtung
- [ ] Nord
- [ ] Ost
- [ ] Süd
- [ ] West

Tide
- [ ] niedrig
- [ ] fließend
- [ ] ablaufend
- [ ] hoch

Luftdruck
- [ ] ↑
- [ ] →
- [ ] ↓
- _____ mba

Mondphase
- [ ] neu
- [ ] zunehmend
- [ ] voll
- [ ] abnehmend

Fischart	Uhrzeit	Länge	Gewicht	Köder	Montage	Tiefe / Platz
	:	cm	g			
	:	cm	g			
	:	cm	g			
	:	cm	g			
	:	cm	g			
	:	cm	g			
	:	cm	g			
	:	cm	g			
	:	cm	g			
	:	cm	g			

merkungen:

Gewässer: _____	Datum: _____ / _____ / 20___
GPS: _____ ° _____ ' _____ " N/S	Beginn: _____ : _____ Uhr
_____ ° _____ ' _____ " O/W	Ende: _____ : _____ Uhr

Wassertemperatur: _____ °C   Lufttemperatur: _____ °C

Wasserstand
- [ ] niedrig
- [ ] normal
- [ ] hoch

Wasserfärbung
- [ ] klar
- [ ] leicht trüb
- [ ] trüb
- [ ] sehr trüb

Wetter
- [ ] sonnig
- [ ] wechselhaft
- [ ] bewölkt
- [ ] Regen
- [ ] Schnee

Windstärke
- [ ] still
- [ ] leicht
- [ ] kräftig
- [ ] stürmisch

Windrichtung
- [ ] Nord
- [ ] Ost
- [ ] Süd
- [ ] West

Tide
- [ ] niedrig
- [ ] fließend
- [ ] ablaufend
- [ ] hoch

Luftdruck
- [ ] ↑
- [ ] →
- [ ] ↓
- _____ mba

Mondphase
- [ ] neu
- [ ] zunehmend
- [ ] voll
- [ ] abnehmend

Fischart	Uhrzeit	Länge	Gewicht	Köder	Montage	Tiefe / Platz
	:	cm	g			
	:	cm	g			
	:	cm	g			
	:	cm	g			
	:	cm	g			
	:	cm	g			
	:	cm	g			
	:	cm	g			
	:	cm	g			
	:	cm	g			

merkungen:

Gewässer: _____	Datum: ____ / ____ / 20____
GPS: ____°____'____" N/S	Beginn: ____ : ____ Uhr
____°____'____" O/W	Ende: ____ : ____ Uhr

Wassertemperatur: _____°C   Lufttemperatur: _____°C

Wasserstand
- [ ] niedrig
- [ ] normal
- [ ] hoch

Wasserfärbung
- [ ] klar
- [ ] leicht trüb
- [ ] trüb
- [ ] sehr trüb

Wetter
- [ ] sonnig
- [ ] wechselhaft
- [ ] bewölkt
- [ ] Regen
- [ ] Schnee

Windstärke
- [ ] still
- [ ] leicht
- [ ] kräftig
- [ ] stürmisch

Windrichtung
- [ ] Nord
- [ ] Ost
- [ ] Süd
- [ ] West

Tide
- [ ] niedrig
- [ ] fließend
- [ ] ablaufend
- [ ] hoch

Luftdruck
- [ ] ↑
- [ ] →
- [ ] ↓
- ____ mba

Mondphase
- [ ] neu
- [ ] zunehmend
- [ ] voll
- [ ] abnehmend

Fischart	Uhrzeit	Länge	Gewicht	Köder	Montage	Tiefe / Platz
	:	cm	g			
	:	cm	g			
	:	cm	g			
	:	cm	g			
	:	cm	g			
	:	cm	g			
	:	cm	g			
	:	cm	g			
	:	cm	g			
	:	cm	g			

nerkungen:

Meine Notizen

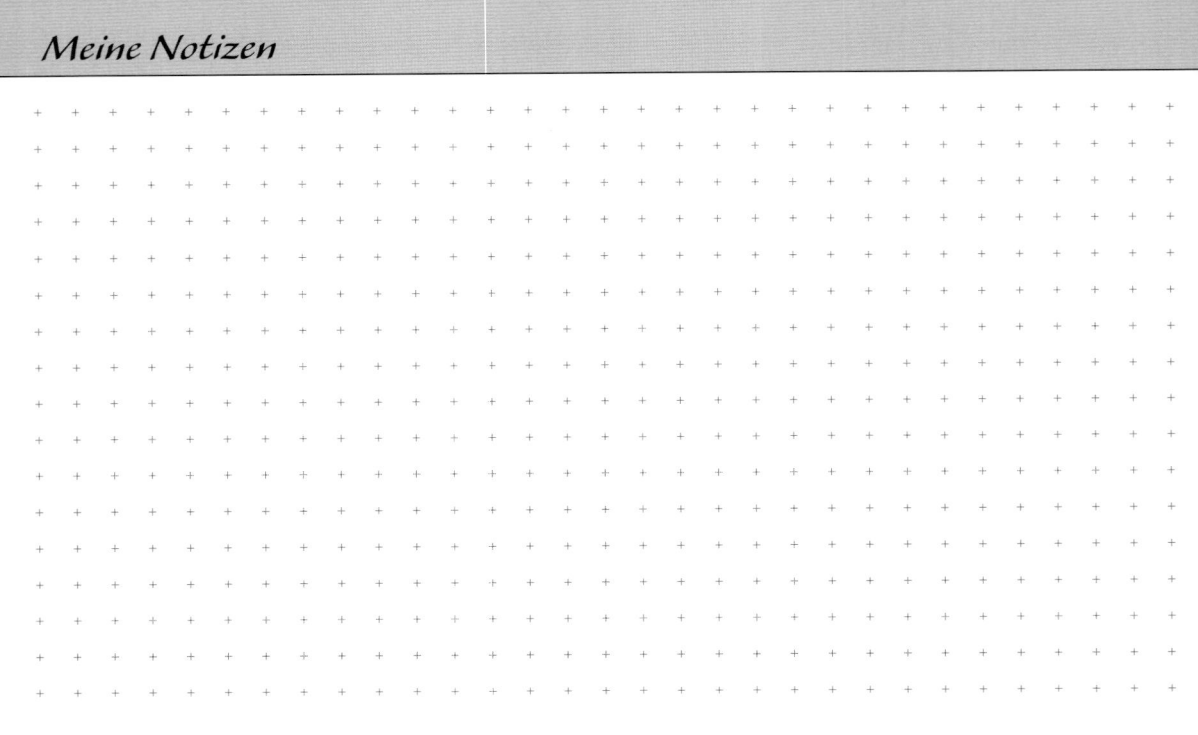

Gewässer: _____

GPS: _____°_____'_____" N/S

_____°_____'_____" O/W

Datum: _____ / _____ / 20_____

Beginn: _____ : _____ Uhr

Ende: _____ : _____ Uhr

Wassertemperatur: _____°C   Lufttemperatur: _____°C

Wasserstand
- [ ] niedrig
- [ ] normal
- [ ] hoch

Wasserfärbung
- [ ] klar
- [ ] leicht trüb
- [ ] trüb
- [ ] sehr trüb

Wetter
- [ ] sonnig
- [ ] wechselhaft
- [ ] bewölkt
- [ ] Regen
- [ ] Schnee

Windstärke
- [ ] still
- [ ] leicht
- [ ] kräftig
- [ ] stürmisch

Windrichtung
- [ ] Nord
- [ ] Ost
- [ ] Süd
- [ ] West

Tide
- [ ] niedrig
- [ ] fließend
- [ ] ablaufend
- [ ] hoch

Luftdruck
- [ ] ↑
- [ ] →
- [ ] ↓
- _____ mba

Mondphase
- [ ] neu
- [ ] zunehmend
- [ ] voll
- [ ] abnehmend

Fischart	Uhrzeit	Länge	Gewicht	Köder	Montage	Tiefe / Platz
	:	cm	g			
	:	cm	g			
	:	cm	g			
	:	cm	g			
	:	cm	g			
	:	cm	g			
	:	cm	g			
	:	cm	g			
	:	cm	g			
	:	cm	g			

merkungen:

Gewässer: _____

GPS: _____°_____'_____" N/S

_____°_____'_____" O/W

Datum: _____ / _____ / 20_____

Beginn: _____ : _____ Uhr

Ende: _____ : _____ Uhr

Wassertemperatur: _____°C   **Lufttemperatur:** _____°C

Wasserstand
- [ ] niedrig
- [ ] normal
- [ ] hoch

Wasserfärbung
- [ ] klar
- [ ] leicht trüb
- [ ] trüb
- [ ] sehr trüb

Wetter
- [ ] sonnig
- [ ] wechselhaft
- [ ] bewölkt
- [ ] Regen
- [ ] Schnee

Windstärke
- [ ] still
- [ ] leicht
- [ ] kräftig
- [ ] stürmisch

Windrichtung
- [ ] Nord
- [ ] Ost
- [ ] Süd
- [ ] West

Tide
- [ ] niedrig
- [ ] fließend
- [ ] ablaufend
- [ ] hoch

Luftdruck
- [ ] ↑
- [ ] →
- [ ] ↓

_____ mba

Mondphase
- [ ] neu
- [ ] zunehmend
- [ ] voll
- [ ] abnehmend

Fischart	Uhrzeit	Länge	Gewicht	Köder	Montage	Tiefe / Platz
	:	cm	g			
	:	cm	g			
	:	cm	g			
	:	cm	g			
	:	cm	g			
	:	cm	g			
	:	cm	g			
	:	cm	g			
	:	cm	g			
	:	cm	g			

merkungen:

Gewässer: _____

GPS: _____°_____'_____" N/S

_____°_____'_____" O/W

Datum: _____ / _____ / 20___

Beginn: _____ : _____ Uhr

Ende: _____ : _____ Uhr

Wassertemperatur: _____°C   **Lufttemperatur:** _____°C

Wasserstand
- [ ] niedrig
- [ ] normal
- [ ] hoch

Wasserfärbung
- [ ] klar
- [ ] leicht trüb
- [ ] trüb
- [ ] sehr trüb

Wetter
- [ ] sonnig
- [ ] wechselhaft
- [ ] bewölkt
- [ ] Regen
- [ ] Schnee

Windstärke
- [ ] still
- [ ] leicht
- [ ] kräftig
- [ ] stürmisch

Windrichtung
- [ ] Nord
- [ ] Ost
- [ ] Süd
- [ ] West

Tide
- [ ] niedrig
- [ ] fließend
- [ ] ablaufend
- [ ] hoch

Luftdruck
- [ ] ↑
- [ ] →
- [ ] ↓
- _____ mba

Mondphase
- [ ] neu
- [ ] zunehmend
- [ ] voll
- [ ] abnehmend

Fischart	Uhrzeit	Länge	Gewicht	Köder	Montage	Tiefe / Platz
	:	cm	g			
	:	cm	g			
	:	cm	g			
	:	cm	g			
	:	cm	g			
	:	cm	g			
	:	cm	g			
	:	cm	g			
	:	cm	g			
	:	cm	g			

merkungen:

Gewässer: _____

GPS: _____ ° _____ ' _____ " N/S
_____ ° _____ ' _____ " O/W

Datum: _____ / _____ / 20_____

Beginn: _____ : _____ Uhr

Ende: _____ : _____ Uhr

Wassertemperatur: _____ °C   **Lufttemperatur:** _____ °C

Wasserstand
- [ ] niedrig
- [ ] normal
- [ ] hoch

Wasserfärbung
- [ ] klar
- [ ] leicht trüb
- [ ] trüb
- [ ] sehr trüb

Wetter
- [ ] sonnig
- [ ] wechselhaft
- [ ] bewölkt
- [ ] Regen
- [ ] Schnee

Windstärke
- [ ] still
- [ ] leicht
- [ ] kräftig
- [ ] stürmisch

Windrichtung
- [ ] Nord
- [ ] Ost
- [ ] Süd
- [ ] West

Tide
- [ ] niedrig
- [ ] fließend
- [ ] ablaufend
- [ ] hoch

Luftdruck
- [ ] ↑
- [ ] →
- [ ] ↓
_____ mba

Mondphase
- [ ] neu
- [ ] zunehmend
- [ ] voll
- [ ] abnehmend

Fischart	Uhrzeit	Länge	Gewicht	Köder	Montage	Tiefe / Platz
	:	cm	g			
	:	cm	g			
	:	cm	g			
	:	cm	g			
	:	cm	g			
	:	cm	g			
	:	cm	g			
	:	cm	g			
	:	cm	g			
	:	cm	g			

merkungen:

Gewässer: _____

GPS: _____ ° _____ ' _____ " N/S

_____ ° _____ ' _____ " O/W

Datum: _____ / _____ / 20_____

Beginn: _____ : _____ Uhr

Ende: _____ : _____ Uhr

Wassertemperatur: _____ °C   Lufttemperatur: _____ °C

Wasserstand
- [ ] niedrig
- [ ] normal
- [ ] hoch

Wasserfärbung
- [ ] klar
- [ ] leicht trüb
- [ ] trüb
- [ ] sehr trüb

Wetter
- [ ] sonnig
- [ ] wechselhaft
- [ ] bewölkt
- [ ] Regen
- [ ] Schnee

Windstärke
- [ ] still
- [ ] leicht
- [ ] kräftig
- [ ] stürmisch

Windrichtung
- [ ] Nord
- [ ] Ost
- [ ] Süd
- [ ] West

Tide
- [ ] niedrig
- [ ] fließend
- [ ] ablaufend
- [ ] hoch

Luftdruck
- [ ] ↑
- [ ] →
- [ ] ↓
- _____ mba

Mondphase
- [ ] neu
- [ ] zunehmend
- [ ] voll
- [ ] abnehmend

Fischart	Uhrzeit	Länge	Gewicht	Köder	Montage	Tiefe / Platz
	:	cm	g			
	:	cm	g			
	:	cm	g			
	:	cm	g			
	:	cm	g			
	:	cm	g			
	:	cm	g			
	:	cm	g			
	:	cm	g			
	:	cm	g			

merkungen:

Meine Notizen

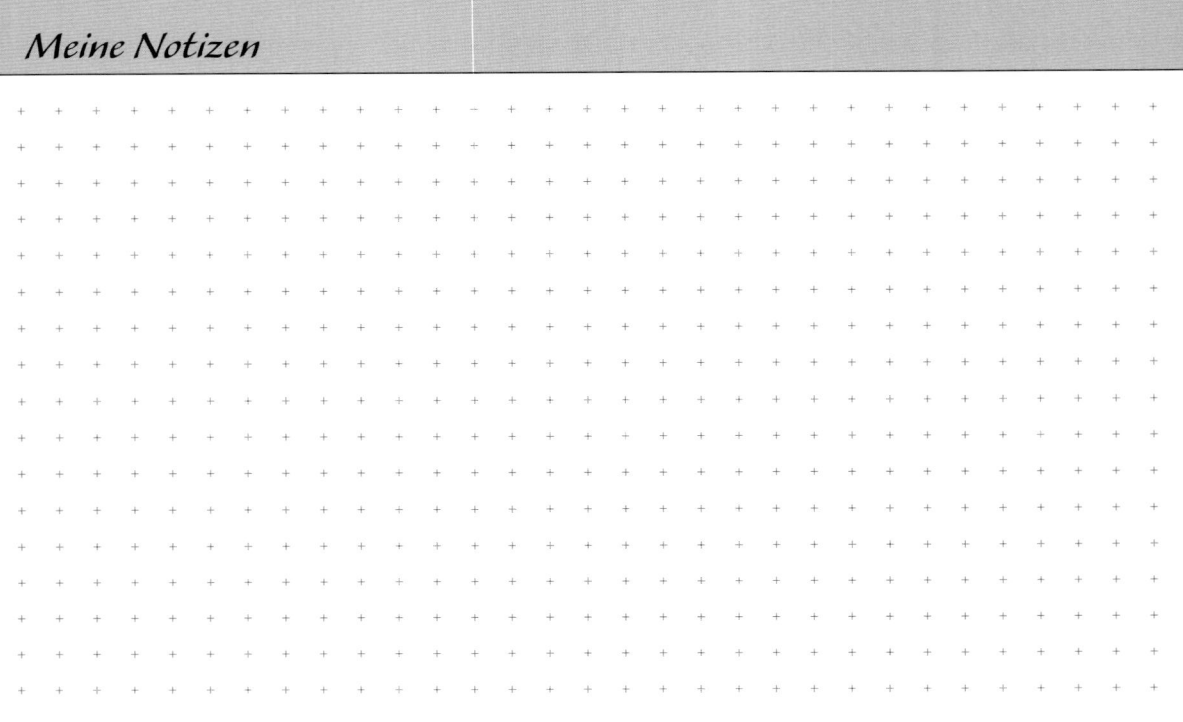

Gewässer: _____

GPS: ____°____'_____" N/S

____°____'_____" O/W

Datum: _____ / _____ / 20____

Beginn: _____ : _____ Uhr

Ende: _____ : _____ Uhr

Wassertemperatur: _____°C   Lufttemperatur: _____°C

Wasserstand
- [ ] niedrig
- [ ] normal
- [ ] hoch

Wasserfärbung
- [ ] klar
- [ ] leicht trüb
- [ ] trüb
- [ ] sehr trüb

Wetter
- [ ] sonnig
- [ ] wechselhaft
- [ ] bewölkt
- [ ] Regen
- [ ] Schnee

Windstärke
- [ ] still
- [ ] leicht
- [ ] kräftig
- [ ] stürmisch

Windrichtung
- [ ] Nord
- [ ] Ost
- [ ] Süd
- [ ] West

Tide
- [ ] niedrig
- [ ] fließend
- [ ] ablaufend
- [ ] hoch

Luftdruck
- [ ] ↑
- [ ] →
- [ ] ↓
- _____ mba

Mondphase
- [ ] neu
- [ ] zunehmend
- [ ] voll
- [ ] abnehmend

Fischart	Uhrzeit	Länge	Gewicht	Köder	Montage	Tiefe / Platz
	:	cm	g			
	:	cm	g			
	:	cm	g			
	:	cm	g			
	:	cm	g			
	:	cm	g			
	:	cm	g			
	:	cm	g			
	:	cm	g			
	:	cm	g			

merkungen:

Gewässer: _____

GPS: _____ ° _____ ' _____ " N/S

_____ ° _____ ' _____ " O/W

Datum: _____ / _____ / 20_____

Beginn: _____ : _____ Uhr

Ende: _____ : _____ Uhr

Wassertemperatur: _____°C   **Lufttemperatur:** _____°C

Wasserstand
- ☐ niedrig
- ☐ normal
- ☐ hoch

Wasserfärbung
- ☐ klar
- ☐ leicht trüb
- ☐ trüb
- ☐ sehr trüb

Wetter
- ☐ sonnig
- ☐ wechselhaft
- ☐ bewölkt
- ☐ Regen
- ☐ Schnee

Windstärke
- ☐ still
- ☐ leicht
- ☐ kräftig
- ☐ stürmisch

Windrichtung
- ☐ Nord
- ☐ Ost
- ☐ Süd
- ☐ West

Tide
- ☐ niedrig
- ☐ fließend
- ☐ ablaufend
- ☐ hoch

Luftdruck
- ☐ ↑
- ☐ →
- ☐ ↓
- _____ mba

Mondphase
- ☐ neu
- ☐ zunehmend
- ☐ voll
- ☐ abnehmend

Fischart	Uhrzeit	Länge	Gewicht	Köder	Montage	Tiefe / Platz
	:	cm	g			
	:	cm	g			
	:	cm	g			
	:	cm	g			
	:	cm	g			
	:	cm	g			
	:	cm	g			
	:	cm	g			
	:	cm	g			
	:	cm	g			

merkungen:

Gewässer: _____

GPS: ____°____'____" N/S

____°____'____" O/W

Datum: ____ / ____ / 20____

Beginn: ____ : ____ Uhr

Ende: ____ : ____ Uhr

Wassertemperatur: _____°C   **Lufttemperatur:** _____°C

Wasserstand
- [ ] niedrig
- [ ] normal
- [ ] hoch

Wasserfärbung
- [ ] klar
- [ ] leicht trüb
- [ ] trüb
- [ ] sehr trüb

Wetter
- [ ] sonnig
- [ ] wechselhaft
- [ ] bewölkt
- [ ] Regen
- [ ] Schnee

Windstärke
- [ ] still
- [ ] leicht
- [ ] kräftig
- [ ] stürmisch

Windrichtung
- [ ] Nord
- [ ] Ost
- [ ] Süd
- [ ] West

Tide
- [ ] niedrig
- [ ] fließend
- [ ] ablaufend
- [ ] hoch

Luftdruck
- [ ] ↑
- [ ] →
- [ ] ↓

____ mba

Mondphase
- [ ] neu
- [ ] zunehmend
- [ ] voll
- [ ] abnehmend

Fischart	Uhrzeit	Länge	Gewicht	Köder	Montage	Tiefe / Platz
	:	cm	g			
	:	cm	g			
	:	cm	g			
	:	cm	g			
	:	cm	g			
	:	cm	g			
	:	cm	g			
	:	cm	g			
	:	cm	g			
	:	cm	g			

nerkungen:

Gewässer: _____

GPS: _____ ° _____ ' _____ " N/S

_____ ° _____ ' _____ " O/W

Datum: _____ / _____ / 20____

Beginn: _____ : _____ Uhr

Ende: _____ : _____ Uhr

Wassertemperatur: _____ °C   **Lufttemperatur:** _____ °C

Wasserstand
- [ ] niedrig
- [ ] normal
- [ ] hoch

Wasserfärbung
- [ ] klar
- [ ] leicht trüb
- [ ] trüb
- [ ] sehr trüb

Wetter
- [ ] sonnig
- [ ] wechselhaft
- [ ] bewölkt
- [ ] Regen
- [ ] Schnee

Windstärke
- [ ] still
- [ ] leicht
- [ ] kräftig
- [ ] stürmisch

Windrichtung
- [ ] Nord
- [ ] Ost
- [ ] Süd
- [ ] West

Tide
- [ ] niedrig
- [ ] fließend
- [ ] ablaufend
- [ ] hoch

Luftdruck
- [ ] ↑
- [ ] →
- [ ] ↓
- _____ mba

Mondphase
- [ ] neu
- [ ] zunehmend
- [ ] voll
- [ ] abnehmend

Fischart	Uhrzeit	Länge	Gewicht	Köder	Montage	Tiefe / Platz
	:	cm	g			
	:	cm	g			
	:	cm	g			
	:	cm	g			
	:	cm	g			
	:	cm	g			
	:	cm	g			
	:	cm	g			
	:	cm	g			
	:	cm	g			

nerkungen:

Gewässer: _____

GPS: _____ ° _____ ' _____ " N/S

_____ ° _____ ' _____ " O/W

Datum: _____ / _____ / 20_____

Beginn: _____ : _____ Uhr

Ende: _____ : _____ Uhr

Wassertemperatur: _____ °C   Lufttemperatur: _____ °C

Wasserstand
- [ ] niedrig
- [ ] normal
- [ ] hoch

Wasserfärbung
- [ ] klar
- [ ] leicht trüb
- [ ] trüb
- [ ] sehr trüb

Wetter
- [ ] sonnig
- [ ] wechselhaft
- [ ] bewölkt
- [ ] Regen
- [ ] Schnee

Windstärke
- [ ] still
- [ ] leicht
- [ ] kräftig
- [ ] stürmisch

Windrichtung
- [ ] Nord
- [ ] Ost
- [ ] Süd
- [ ] West

Tide
- [ ] niedrig
- [ ] fließend
- [ ] ablaufend
- [ ] hoch

Luftdruck
- [ ] ↑
- [ ] →
- [ ] ↓

_____ mba

Mondphase
- [ ] neu
- [ ] zunehmend
- [ ] voll
- [ ] abnehmend

Fischart	Uhrzeit	Länge	Gewicht	Köder	Montage	Tiefe / Platz
	:	cm	g			
	:	cm	g			
	:	cm	g			
	:	cm	g			
	:	cm	g			
	:	cm	g			
	:	cm	g			
	:	cm	g			
	:	cm	g			
	:	cm	g			

merkungen:

Meine Notizen

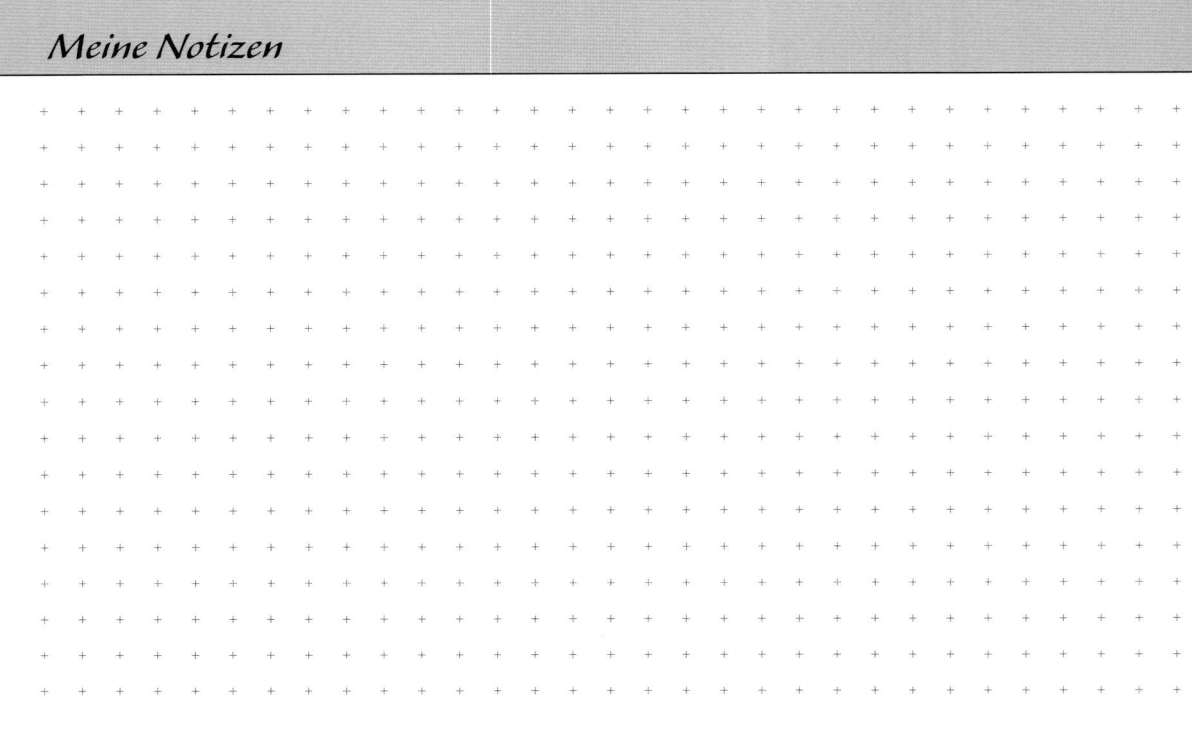

Gewässer: _____

GPS: ____°____'____" N/S

____°____'____" O/W

Datum: ____ / ____ / 20____

Beginn: ____ : ____ Uhr

Ende: ____ : ____ Uhr

Wassertemperatur: _____°C   Lufttemperatur: _____°C

Wasserstand
- [ ] niedrig
- [ ] normal
- [ ] hoch

Wasserfärbung
- [ ] klar
- [ ] leicht trüb
- [ ] trüb
- [ ] sehr trüb

Wetter
- [ ] sonnig
- [ ] wechselhaft
- [ ] bewölkt
- [ ] Regen
- [ ] Schnee

Windstärke
- [ ] still
- [ ] leicht
- [ ] kräftig
- [ ] stürmisch

Windrichtung
- [ ] Nord
- [ ] Ost
- [ ] Süd
- [ ] West

Tide
- [ ] niedrig
- [ ] fließend
- [ ] ablaufend
- [ ] hoch

Luftdruck
- [ ] ↑
- [ ] →
- [ ] ↓
- ____ mba

Mondphase
- [ ] neu
- [ ] zunehmend
- [ ] voll
- [ ] abnehmend

Fischart	Uhrzeit	Länge	Gewicht	Köder	Montage	Tiefe / Platz
	:	cm	g			
	:	cm	g			
	:	cm	g			
	:	cm	g			
	:	cm	g			
	:	cm	g			
	:	cm	g			
	:	cm	g			
	:	cm	g			
	:	cm	g			

merkungen:

Gewässer: _____

GPS: ____°____'_____" N/S
_____°____'_____" O/W

Datum: _____ / _____ / 20_____
Beginn: _____ : _____ Uhr
Ende: _____ : _____ Uhr

Wassertemperatur: _____°C   **Lufttemperatur:** _____°C

Wasserstand
☐ niedrig
☐ normal
☐ hoch

Wasserfärbung
☐ klar
☐ leicht trüb
☐ trüb
☐ sehr trüb

Wetter
☐ sonnig
☐ wechselhaft
☐ bewölkt
☐ Regen
☐ Schnee

Windstärke
☐ still
☐ leicht
☐ kräftig
☐ stürmisch

Windrichtung
☐ Nord
☐ Ost
☐ Süd
☐ West

Tide
☐ niedrig
☐ fließend
☐ ablaufend
☐ hoch

Luftdruck
☐ ↑
☐ →
☐ ↓
_____ mba

Mondphase
☐ neu
☐ zunehmend
☐ voll
☐ abnehmend

Fischart	Uhrzeit	Länge	Gewicht	Köder	Montage	Tiefe / Platz
	:	cm	g			
	:	cm	g			
	:	cm	g			
	:	cm	g			
	:	cm	g			
	:	cm	g			
	:	cm	g			
	:	cm	g			
	:	cm	g			
	:	cm	g			

merkungen:

Gewässer: _____

GPS: _____ ° _____ ' _____ " N/S

_____ ° _____ ' _____ " O/W

Datum: _____ / _____ / 20 _____

Beginn: _____ : _____ Uhr

Ende: _____ : _____ Uhr

Wassertemperatur: _____ °C   Lufttemperatur: _____ °C

Wasserstand
- [ ] niedrig
- [ ] normal
- [ ] hoch

Wasserfärbung
- [ ] klar
- [ ] leicht trüb
- [ ] trüb
- [ ] sehr trüb

Wetter
- [ ] sonnig
- [ ] wechselhaft
- [ ] bewölkt
- [ ] Regen
- [ ] Schnee

Windstärke
- [ ] still
- [ ] leicht
- [ ] kräftig
- [ ] stürmisch

Windrichtung
- [ ] Nord
- [ ] Ost
- [ ] Süd
- [ ] West

Tide
- [ ] niedrig
- [ ] fließend
- [ ] ablaufend
- [ ] hoch

Luftdruck
- [ ] ↑
- [ ] →
- [ ] ↓
- _____ mba

Mondphase
- [ ] neu
- [ ] zunehmend
- [ ] voll
- [ ] abnehmend

Fischart	Uhrzeit	Länge	Gewicht	Köder	Montage	Tiefe / Platz
	:	cm	g			
	:	cm	g			
	:	cm	g			
	:	cm	g			
	:	cm	g			
	:	cm	g			
	:	cm	g			
	:	cm	g			
	:	cm	g			
	:	cm	g			

nerkungen:

Gewässer: _____

GPS: ____°____'____" N/S

_____°____'____" O/W

Datum: ____ / ____ / 20____

Beginn: ____ : ____ Uhr

Ende: ____ : ____ Uhr

Wassertemperatur: _____°C   **Lufttemperatur:** _____°C

Wasserstand
- [ ] niedrig
- [ ] normal
- [ ] hoch

Wasserfärbung
- [ ] klar
- [ ] leicht trüb
- [ ] trüb
- [ ] sehr trüb

Wetter
- [ ] sonnig
- [ ] wechselhaft
- [ ] bewölkt
- [ ] Regen
- [ ] Schnee

Windstärke
- [ ] still
- [ ] leicht
- [ ] kräftig
- [ ] stürmisch

Windrichtung
- [ ] Nord
- [ ] Ost
- [ ] Süd
- [ ] West

Tide
- [ ] niedrig
- [ ] fließend
- [ ] ablaufend
- [ ] hoch

Luftdruck
- [ ] ↑
- [ ] →
- [ ] ↓
- ____ mba

Mondphase
- [ ] neu
- [ ] zunehmend
- [ ] voll
- [ ] abnehmend

Fischart	Uhrzeit	Länge	Gewicht	Köder	Montage	Tiefe / Platz
	:	cm	g			
	:	cm	g			
	:	cm	g			
	:	cm	g			
	:	cm	g			
	:	cm	g			
	:	cm	g			
	:	cm	g			
	:	cm	g			
	:	cm	g			

merkungen:

Gewässer: _____

GPS: _____ ° _____ ' _____ " N/S

_____ ° _____ ' _____ " O/W

Datum: _____ / _____ / 20 _____

Beginn: _____ : _____ Uhr

Ende: _____ : _____ Uhr

Wassertemperatur: _____ °C   Lufttemperatur: _____ °C

Wasserstand
- [ ] niedrig
- [ ] normal
- [ ] hoch

Wasserfärbung
- [ ] klar
- [ ] leicht trüb
- [ ] trüb
- [ ] sehr trüb

Wetter
- [ ] sonnig
- [ ] wechselhaft
- [ ] bewölkt
- [ ] Regen
- [ ] Schnee

Windstärke
- [ ] still
- [ ] leicht
- [ ] kräftig
- [ ] stürmisch

Windrichtung
- [ ] Nord
- [ ] Ost
- [ ] Süd
- [ ] West

Tide
- [ ] niedrig
- [ ] fließend
- [ ] ablaufend
- [ ] hoch

Luftdruck
- [ ] ↑
- [ ] →
- [ ] ↓
- _____ mba

Mondphase
- [ ] neu
- [ ] zunehmend
- [ ] voll
- [ ] abnehmend

Fischart	Uhrzeit	Länge	Gewicht	Köder	Montage	Tiefe / Platz
	:	cm	g			
	:	cm	g			
	:	cm	g			
	:	cm	g			
	:	cm	g			
	:	cm	g			
	:	cm	g			
	:	cm	g			
	:	cm	g			
	:	cm	g			

merkungen:

Meine Notizen

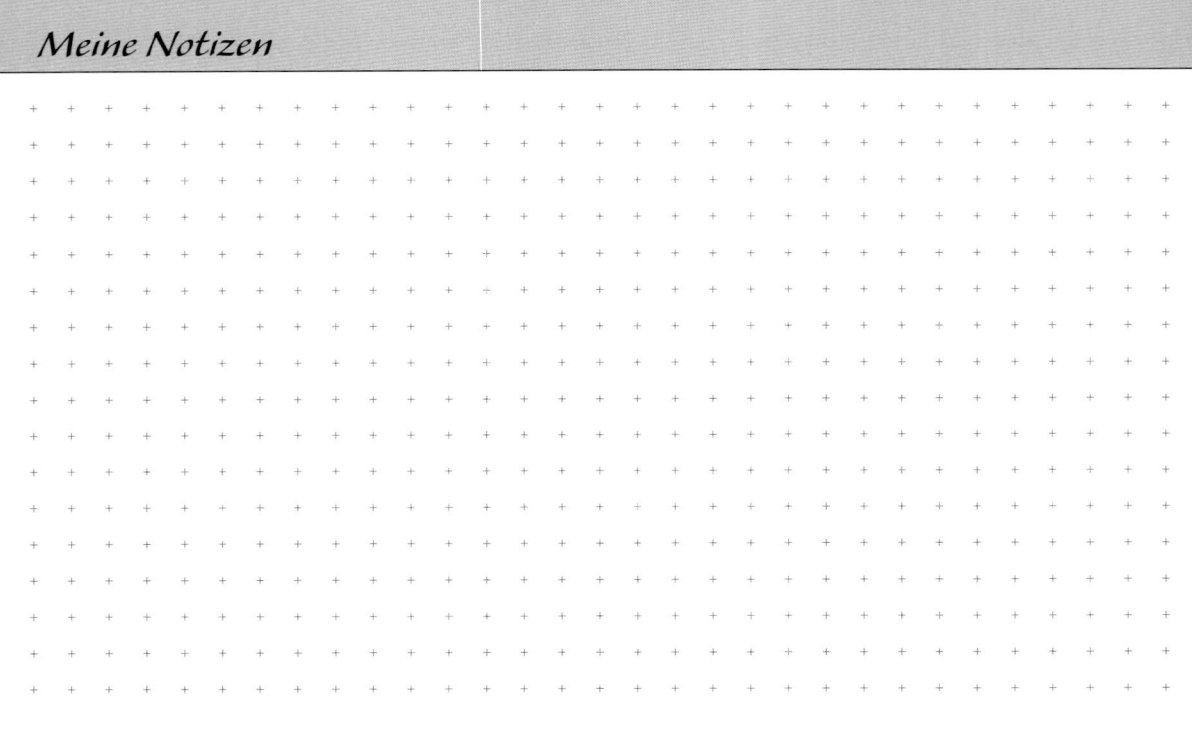

Gewässer: _____

GPS: _____ ° _____ ' _____ " N/S

_____ ° _____ ' _____ " O/W

Datum: _____ / _____ / 20_____

Beginn: _____ : _____ Uhr

Ende: _____ : _____ Uhr

Wassertemperatur: _____°C   **Lufttemperatur:** _____°C

Wasserstand
- [ ] niedrig
- [ ] normal
- [ ] hoch

Wasserfärbung
- [ ] klar
- [ ] leicht trüb
- [ ] trüb
- [ ] sehr trüb

Wetter
- [ ] sonnig
- [ ] wechselhaft
- [ ] bewölkt
- [ ] Regen
- [ ] Schnee

Windstärke
- [ ] still
- [ ] leicht
- [ ] kräftig
- [ ] stürmisch

Windrichtung
- [ ] Nord
- [ ] Ost
- [ ] Süd
- [ ] West

Tide
- [ ] niedrig
- [ ] fließend
- [ ] ablaufend
- [ ] hoch

Luftdruck
- [ ] ↑
- [ ] →
- [ ] ↓
- _____ mba

Mondphase
- [ ] neu
- [ ] zunehmend
- [ ] voll
- [ ] abnehmend

Fischart	Uhrzeit	Länge	Gewicht	Köder	Montage	Tiefe / Platz
	:	cm	g			
	:	cm	g			
	:	cm	g			
	:	cm	g			
	:	cm	g			
	:	cm	g			
	:	cm	g			
	:	cm	g			
	:	cm	g			
	:	cm	g			

merkungen:

Gewässer: _____

GPS: ____°____'____" N/S

____°____'____" O/W

Datum: ____ / ____ / 20____

Beginn: ____ : ____ Uhr

Ende: ____ : ____ Uhr

Wassertemperatur: _____°C   Lufttemperatur: _____°C

Wasserstand
- [ ] niedrig
- [ ] normal
- [ ] hoch

Wasserfärbung
- [ ] klar
- [ ] leicht trüb
- [ ] trüb
- [ ] sehr trüb

Wetter
- [ ] sonnig
- [ ] wechselhaft
- [ ] bewölkt
- [ ] Regen
- [ ] Schnee

Windstärke
- [ ] still
- [ ] leicht
- [ ] kräftig
- [ ] stürmisch

Windrichtung
- [ ] Nord
- [ ] Ost
- [ ] Süd
- [ ] West

Tide
- [ ] niedrig
- [ ] fließend
- [ ] ablaufend
- [ ] hoch

Luftdruck
- [ ] ↑
- [ ] →
- [ ] ↓
- _____ mba

Mondphase
- [ ] neu
- [ ] zunehmend
- [ ] voll
- [ ] abnehmend

Fischart	Uhrzeit	Länge	Gewicht	Köder	Montage	Tiefe / Platz
	:	cm	g			
	:	cm	g			
	:	cm	g			
	:	cm	g			
	:	cm	g			
	:	cm	g			
	:	cm	g			
	:	cm	g			
	:	cm	g			
	:	cm	g			

erkungen:

Gewässer: _____

GPS: _____°_____'_____" N/S

_____°_____'_____" O/W

Datum: _____ / _____ / 20____

Beginn: _____ : _____ Uhr

Ende: _____ : _____ Uhr

Wassertemperatur: _____°C   Lufttemperatur: _____°C

Wasserstand
- ☐ niedrig
- ☐ normal
- ☐ hoch

Wasserfärbung
- ☐ klar
- ☐ leicht trüb
- ☐ trüb
- ☐ sehr trüb

Wetter
- ☐ sonnig
- ☐ wechselhaft
- ☐ bewölkt
- ☐ Regen
- ☐ Schnee

Windstärke
- ☐ still
- ☐ leicht
- ☐ kräftig
- ☐ stürmisch

Windrichtung
- ☐ Nord
- ☐ Ost
- ☐ Süd
- ☐ West

Tide
- ☐ niedrig
- ☐ fließend
- ☐ ablaufend
- ☐ hoch

Luftdruck
- ☐ ↑
- ☐ →
- ☐ ↓
- _____ mba

Mondphase
- ☐ neu
- ☐ zunehmend
- ☐ voll
- ☐ abnehmend

Fischart	Uhrzeit	Länge	Gewicht	Köder	Montage	Tiefe / Platz
	:	cm	g			
	:	cm	g			
	:	cm	g			
	:	cm	g			
	:	cm	g			
	:	cm	g			
	:	cm	g			
	:	cm	g			
	:	cm	g			
	:	cm	g			

merkungen:

Gewässer: _____

GPS: _____ ° _____ ' _____ " N/S

_____ ° _____ ' _____ " O/W

Datum: _____ / _____ / 20_____

Beginn: _____ : _____ Uhr

Ende: _____ : _____ Uhr

Wassertemperatur: _____°C   Lufttemperatur: _____°C

Wasserstand
- [ ] niedrig
- [ ] normal
- [ ] hoch

Wasserfärbung
- [ ] klar
- [ ] leicht trüb
- [ ] trüb
- [ ] sehr trüb

Wetter
- [ ] sonnig
- [ ] wechselhaft
- [ ] bewölkt
- [ ] Regen
- [ ] Schnee

Windstärke
- [ ] still
- [ ] leicht
- [ ] kräftig
- [ ] stürmisch

Windrichtung
- [ ] Nord
- [ ] Ost
- [ ] Süd
- [ ] West

Tide
- [ ] niedrig
- [ ] fließend
- [ ] ablaufend
- [ ] hoch

Luftdruck
- [ ] ↑
- [ ] →
- [ ] ↓
- _____ mba

Mondphase
- [ ] neu
- [ ] zunehmend
- [ ] voll
- [ ] abnehmend

Fischart	Uhrzeit	Länge	Gewicht	Köder	Montage	Tiefe / Platz
	:	cm	g			
	:	cm	g			
	:	cm	g			
	:	cm	g			
	:	cm	g			
	:	cm	g			
	:	cm	g			
	:	cm	g			
	:	cm	g			
	:	cm	g			

merkungen:

Gewässer: _____

GPS: _____ ° _____ ' _____ " N/S

_____ ° _____ ' _____ " O/W

Datum: _____ / _____ / 20_____

Beginn: _____ : _____ Uhr

Ende: _____ : _____ Uhr

Wassertemperatur: _____ °C   Lufttemperatur: _____ °C

Wasserstand
- [ ] niedrig
- [ ] normal
- [ ] hoch

Wasserfärbung
- [ ] klar
- [ ] leicht trüb
- [ ] trüb
- [ ] sehr trüb

Wetter
- [ ] sonnig
- [ ] wechselhaft
- [ ] bewölkt
- [ ] Regen
- [ ] Schnee

Windstärke
- [ ] still
- [ ] leicht
- [ ] kräftig
- [ ] stürmisch

Windrichtung
- [ ] Nord
- [ ] Ost
- [ ] Süd
- [ ] West

Tide
- [ ] niedrig
- [ ] fließend
- [ ] ablaufend
- [ ] hoch

Luftdruck
- [ ] ↑
- [ ] →
- [ ] ↓
- _____ mba

Mondphase
- [ ] neu
- [ ] zunehmend
- [ ] voll
- [ ] abnehmend

Fischart	Uhrzeit	Länge	Gewicht	Köder	Montage	Tiefe / Platz
	:	cm	g			
	:	cm	g			
	:	cm	g			
	:	cm	g			
	:	cm	g			
	:	cm	g			
	:	cm	g			
	:	cm	g			
	:	cm	g			
	:	cm	g			

nerkungen:

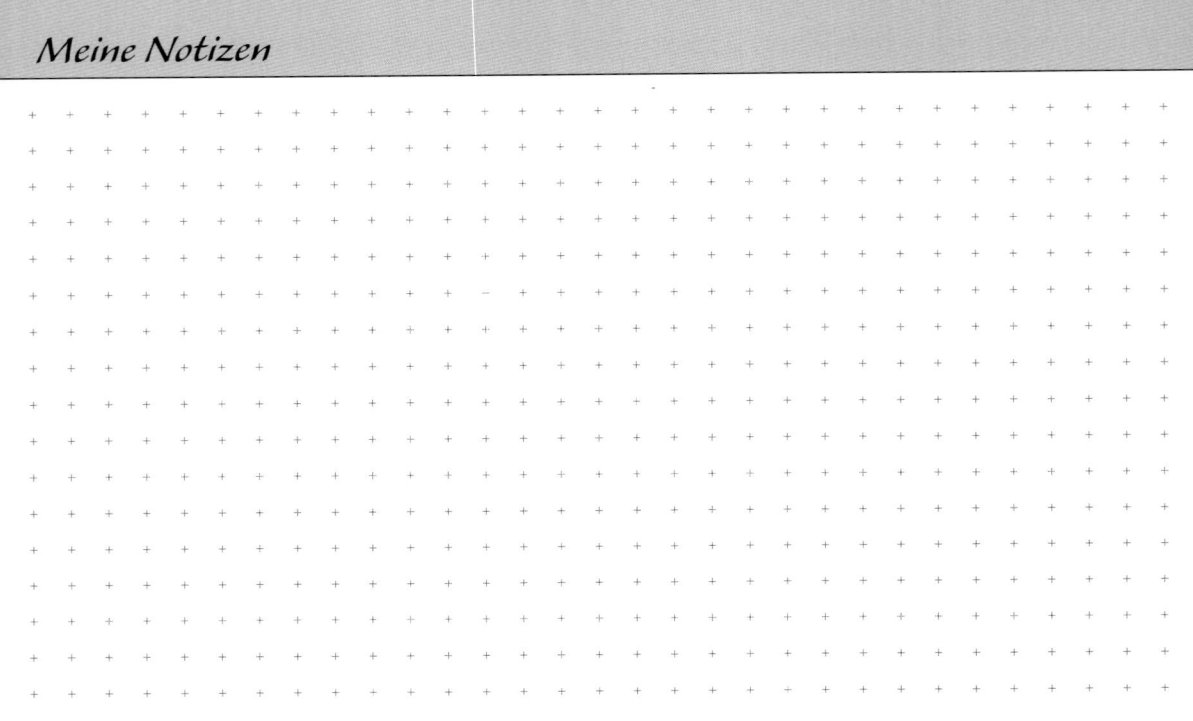

Gewässer: _____

GPS: _____ ° _____ ' _____ " N/S
_____ ° _____ ' _____ " O/W

Datum: _____ / _____ / 20 _____
Beginn: _____ : _____ Uhr
Ende: _____ : _____ Uhr

Wassertemperatur: _____ °C   Lufttemperatur: _____ °C

Wasserstand
☐ niedrig
☐ normal
☐ hoch

Wasserfärbung
☐ klar
☐ leicht trüb
☐ trüb
☐ sehr trüb

Wetter
☐ sonnig
☐ wechselhaft
☐ bewölkt
☐ Regen
☐ Schnee

Windstärke
☐ still
☐ leicht
☐ kräftig
☐ stürmisch

Windrichtung
☐ Nord
☐ Ost
☐ Süd
☐ West

Tide
☐ niedrig
☐ fließend
☐ ablaufend
☐ hoch

Luftdruck
☐ ↑
☐ →
☐ ↓
_____ mba

Mondphase
☐ neu
☐ zunehmend
☐ voll
☐ abnehmend

Fischart	Uhrzeit	Länge	Gewicht	Köder	Montage	Tiefe / Platz
	:	cm	g			
	:	cm	g			
	:	cm	g			
	:	cm	g			
	:	cm	g			
	:	cm	g			
	:	cm	g			
	:	cm	g			
	:	cm	g			
	:	cm	g			

merkungen:

Gewässer: _____

GPS: _____ ° _____ ' _____ " N/S

_____ ° _____ ' _____ " O/W

Datum: _____ / _____ / 20 _____

Beginn: _____ : _____ Uhr

Ende: _____ : _____ Uhr

Wassertemperatur: _____ °C   **Lufttemperatur:** _____ °C

Wasserstand
- [ ] niedrig
- [ ] normal
- [ ] hoch

Wasserfärbung
- [ ] klar
- [ ] leicht trüb
- [ ] trüb
- [ ] sehr trüb

Wetter
- [ ] sonnig
- [ ] wechselhaft
- [ ] bewölkt
- [ ] Regen
- [ ] Schnee

Windstärke
- [ ] still
- [ ] leicht
- [ ] kräftig
- [ ] stürmisch

Windrichtung
- [ ] Nord
- [ ] Ost
- [ ] Süd
- [ ] West

Tide
- [ ] niedrig
- [ ] fließend
- [ ] ablaufend
- [ ] hoch

Luftdruck
- [ ] ↑
- [ ] →
- [ ] ↓
- _____ mba

Mondphase
- [ ] neu
- [ ] zunehmend
- [ ] voll
- [ ] abnehmend

Fischart	Uhrzeit	Länge	Gewicht	Köder	Montage	Tiefe / Platz
	:	cm	g			
	:	cm	g			
	:	cm	g			
	:	cm	g			
	:	cm	g			
	:	cm	g			
	:	cm	g			
	:	cm	g			
	:	cm	g			
	:	cm	g			

merkungen:

Gewässer: _____	Datum: _____ / _____ / 20___
	Beginn: _____ : _____ Uhr
GPS: _____°_____'_____" N/S	Ende: _____ : _____ Uhr
_____°_____'_____" O/W	

Wassertemperatur: _____°C   **Lufttemperatur:** _____°C

Wasserstand
- [ ] niedrig
- [ ] normal
- [ ] hoch

Wasserfärbung
- [ ] klar
- [ ] leicht trüb
- [ ] trüb
- [ ] sehr trüb

Wetter
- [ ] sonnig
- [ ] wechselhaft
- [ ] bewölkt
- [ ] Regen
- [ ] Schnee

Windstärke
- [ ] still
- [ ] leicht
- [ ] kräftig
- [ ] stürmisch

Windrichtung
- [ ] Nord
- [ ] Ost
- [ ] Süd
- [ ] West

Tide
- [ ] niedrig
- [ ] fließend
- [ ] ablaufend
- [ ] hoch

Luftdruck
- [ ] ↑
- [ ] →
- [ ] ↓
- _____ mba

Mondphase
- [ ] neu
- [ ] zunehmend
- [ ] voll
- [ ] abnehmend

Fischart	Uhrzeit	Länge	Gewicht	Köder	Montage	Tiefe / Platz
	:	cm	g			
	:	cm	g			
	:	cm	g			
	:	cm	g			
	:	cm	g			
	:	cm	g			
	:	cm	g			
	:	cm	g			
	:	cm	g			
	:	cm	g			

merkungen:

Gewässer:		Datum: ____ / ____ / 20____
GPS: ____°____'____" N/S		Beginn: ____ : ____ Uhr
____°____'____" O/W		Ende: ____ : ____ Uhr

Wassertemperatur: _____°C   Lufttemperatur: _____°C

Wasserstand
- [ ] niedrig
- [ ] normal
- [ ] hoch

Wasserfärbung
- [ ] klar
- [ ] leicht trüb
- [ ] trüb
- [ ] sehr trüb

Wetter
- [ ] sonnig
- [ ] wechselhaft
- [ ] bewölkt
- [ ] Regen
- [ ] Schnee

Windstärke
- [ ] still
- [ ] leicht
- [ ] kräftig
- [ ] stürmisch

Windrichtung
- [ ] Nord
- [ ] Ost
- [ ] Süd
- [ ] West

Tide
- [ ] niedrig
- [ ] fließend
- [ ] ablaufend
- [ ] hoch

Luftdruck
- [ ] ↑
- [ ] →
- [ ] ↓
- ____ mba

Mondphase
- [ ] neu
- [ ] zunehmend
- [ ] voll
- [ ] abnehmend

Fischart	Uhrzeit	Länge	Gewicht	Köder	Montage	Tiefe / Platz
	:	cm	g			
	:	cm	g			
	:	cm	g			
	:	cm	g			
	:	cm	g			
	:	cm	g			
	:	cm	g			
	:	cm	g			
	:	cm	g			
	:	cm	g			

nerkungen:

Gewässer: _____

GPS: _____ ° _____ ' _____ " N/S

_____ ° _____ ' _____ " O/W

Datum: _____ / _____ / 20____

Beginn: _____ : _____ Uhr

Ende: _____ : _____ Uhr

Wassertemperatur: _____ °C   **Lufttemperatur:** _____ °C

Wasserstand
- ☐ niedrig
- ☐ normal
- ☐ hoch

Wasserfärbung
- ☐ klar
- ☐ leicht trüb
- ☐ trüb
- ☐ sehr trüb

Wetter
- ☐ sonnig
- ☐ wechselhaft
- ☐ bewölkt
- ☐ Regen
- ☐ Schnee

Windstärke
- ☐ still
- ☐ leicht
- ☐ kräftig
- ☐ stürmisch

Windrichtung
- ☐ Nord
- ☐ Ost
- ☐ Süd
- ☐ West

Tide
- ☐ niedrig
- ☐ fließend
- ☐ ablaufend
- ☐ hoch

Luftdruck
- ☐ ↑
- ☐ →
- ☐ ↓
- _____ mba

Mondphase
- ☐ neu
- ☐ zunehmend
- ☐ voll
- ☐ abnehmend

Fischart	Uhrzeit	Länge	Gewicht	Köder	Montage	Tiefe / Platz
	:	cm	g			
	:	cm	g			
	:	cm	g			
	:	cm	g			
	:	cm	g			
	:	cm	g			
	:	cm	g			
	:	cm	g			
	:	cm	g			
	:	cm	g			

merkungen:

Meine Notizen

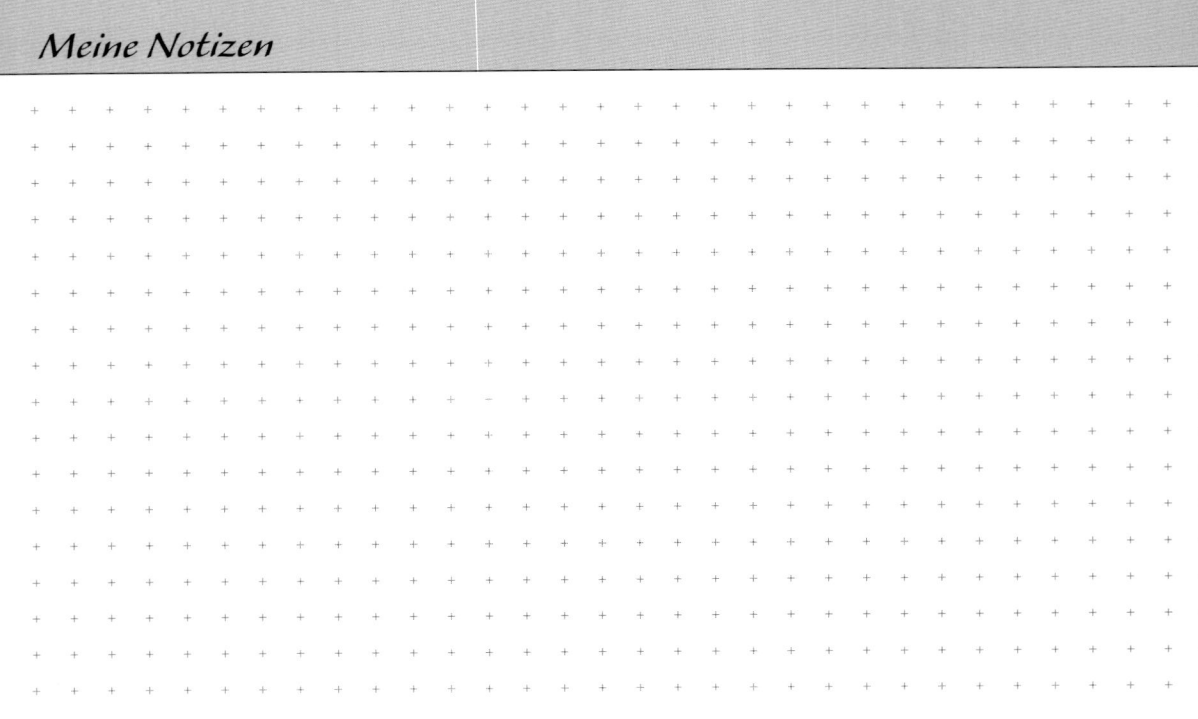

Gewässer: _____

GPS: ____° ____' _____" N/S

____° ____' _____" O/W

Datum: _____ / _____ / 20____

Beginn: _____ : _____ Uhr

Ende: _____ : _____ Uhr

Wassertemperatur: _____°C   Lufttemperatur: _____°C

Wasserstand
- [ ] niedrig
- [ ] normal
- [ ] hoch

Wasserfärbung
- [ ] klar
- [ ] leicht trüb
- [ ] trüb
- [ ] sehr trüb

Wetter
- [ ] sonnig
- [ ] wechselhaft
- [ ] bewölkt
- [ ] Regen
- [ ] Schnee

Windstärke
- [ ] still
- [ ] leicht
- [ ] kräftig
- [ ] stürmisch

Windrichtung
- [ ] Nord
- [ ] Ost
- [ ] Süd
- [ ] West

Tide
- [ ] niedrig
- [ ] fließend
- [ ] ablaufend
- [ ] hoch

Luftdruck
- [ ] ↑
- [ ] →
- [ ] ↓
_____ mba

Mondphase
- [ ] neu
- [ ] zunehmend
- [ ] voll
- [ ] abnehmend

Fischart	Uhrzeit	Länge	Gewicht	Köder	Montage	Tiefe / Platz
	:	cm	g			
	:	cm	g			
	:	cm	g			
	:	cm	g			
	:	cm	g			
	:	cm	g			
	:	cm	g			
	:	cm	g			
	:	cm	g			
	:	cm	g			

merkungen:

Gewässer: _____

GPS: _____ ° _____ ' _____ " N/S

_____ ° _____ ' _____ " O/W

Datum: _____ / _____ / 20 _____

Beginn: _____ : _____ Uhr

Ende: _____ : _____ Uhr

Wassertemperatur: _____ °C   Lufttemperatur: _____ °C

Wasserstand
- [ ] niedrig
- [ ] normal
- [ ] hoch

Wasserfärbung
- [ ] klar
- [ ] leicht trüb
- [ ] trüb
- [ ] sehr trüb

Wetter
- [ ] sonnig
- [ ] wechselhaft
- [ ] bewölkt
- [ ] Regen
- [ ] Schnee

Windstärke
- [ ] still
- [ ] leicht
- [ ] kräftig
- [ ] stürmisch

Windrichtung
- [ ] Nord
- [ ] Ost
- [ ] Süd
- [ ] West

Tide
- [ ] niedrig
- [ ] fließend
- [ ] ablaufend
- [ ] hoch

Luftdruck
- [ ] ↑
- [ ] →
- [ ] ↓

_____ mba

Mondphase
- [ ] neu
- [ ] zunehmend
- [ ] voll
- [ ] abnehmend

Fischart	Uhrzeit	Länge	Gewicht	Köder	Montage	Tiefe / Platz
	:	cm	g			
	:	cm	g			
	:	cm	g			
	:	cm	g			
	:	cm	g			
	:	cm	g			
	:	cm	g			
	:	cm	g			
	:	cm	g			
	:	cm	g			

merkungen:

Gewässer: _____

GPS: _____°_____'_____" N/S

_____°_____'_____" O/W

Datum: _____ / _____ / 20_____

Beginn: _____ : _____ Uhr

Ende: _____ : _____ Uhr

Wassertemperatur: _____°C   Lufttemperatur: _____°C

Wasserstand
- [ ] niedrig
- [ ] normal
- [ ] hoch

Wasserfärbung
- [ ] klar
- [ ] leicht trüb
- [ ] trüb
- [ ] sehr trüb

Wetter
- [ ] sonnig
- [ ] wechselhaft
- [ ] bewölkt
- [ ] Regen
- [ ] Schnee

Windstärke
- [ ] still
- [ ] leicht
- [ ] kräftig
- [ ] stürmisch

Windrichtung
- [ ] Nord
- [ ] Ost
- [ ] Süd
- [ ] West

Tide
- [ ] niedrig
- [ ] fließend
- [ ] ablaufend
- [ ] hoch

Luftdruck
- [ ] ↑
- [ ] →
- [ ] ↓
- _____ mba

Mondphase
- [ ] neu
- [ ] zunehmend
- [ ] voll
- [ ] abnehmend

Fischart	Uhrzeit	Länge	Gewicht	Köder	Montage	Tiefe / Platz
	:	cm	g			
	:	cm	g			
	:	cm	g			
	:	cm	g			
	:	cm	g			
	:	cm	g			
	:	cm	g			
	:	cm	g			
	:	cm	g			
	:	cm	g			

merkungen:

Gewässer: _____

GPS: ____° ____' _____" N/S

_____ ____° ____' _____" O/W

Datum: _____ / _____ / 20____

Beginn: _____ : _____ Uhr

Ende: _____ : _____ Uhr

Wassertemperatur: _____ °C   **Lufttemperatur:** _____ °C

Wasserstand
- [ ] niedrig
- [ ] normal
- [ ] hoch

Wasserfärbung
- [ ] klar
- [ ] leicht trüb
- [ ] trüb
- [ ] sehr trüb

Wetter
- [ ] sonnig
- [ ] wechselhaft
- [ ] bewölkt
- [ ] Regen
- [ ] Schnee

Windstärke
- [ ] still
- [ ] leicht
- [ ] kräftig
- [ ] stürmisch

Windrichtung
- [ ] Nord
- [ ] Ost
- [ ] Süd
- [ ] West

Tide
- [ ] niedrig
- [ ] fließend
- [ ] ablaufend
- [ ] hoch

Luftdruck
- [ ] ↑
- [ ] →
- [ ] ↓
- _____ mba

Mondphase
- [ ] neu
- [ ] zunehmend
- [ ] voll
- [ ] abnehmend

Fischart	Uhrzeit	Länge	Gewicht	Köder	Montage	Tiefe / Platz
	:	cm	g			
	:	cm	g			
	:	cm	g			
	:	cm	g			
	:	cm	g			
	:	cm	g			
	:	cm	g			
	:	cm	g			
	:	cm	g			
	:	cm	g			

merkungen:

Gewässer:	Datum: ____ / ____ / 20____
GPS: ____° ____' ____" N/S	Beginn: ____ : ____ Uhr
____° ____' ____" O/W	Ende: ____ : ____ Uhr

Wassertemperatur: _____°C   Lufttemperatur: _____°C

Wasserstand
- [ ] niedrig
- [ ] normal
- [ ] hoch

Wasserfärbung
- [ ] klar
- [ ] leicht trüb
- [ ] trüb
- [ ] sehr trüb

Wetter
- [ ] sonnig
- [ ] wechselhaft
- [ ] bewölkt
- [ ] Regen
- [ ] Schnee

Windstärke
- [ ] still
- [ ] leicht
- [ ] kräftig
- [ ] stürmisch

Windrichtung
- [ ] Nord
- [ ] Ost
- [ ] Süd
- [ ] West

Tide
- [ ] niedrig
- [ ] fließend
- [ ] ablaufend
- [ ] hoch

Luftdruck
- [ ] ↑
- [ ] →
- [ ] ↓
- ____ mba

Mondphase
- [ ] neu
- [ ] zunehmend
- [ ] voll
- [ ] abnehmend

Fischart	Uhrzeit	Länge	Gewicht	Köder	Montage	Tiefe / Platz
	:	cm	g			
	:	cm	g			
	:	cm	g			
	:	cm	g			
	:	cm	g			
	:	cm	g			
	:	cm	g			
	:	cm	g			
	:	cm	g			
	:	cm	g			

merkungen:

Meine Notizen

Gewässer: _____

GPS: ____°____'____" N/S
     ____°____'____" O/W

Datum: ____ / ____ / 20____
Beginn: ____ : ____ Uhr
Ende: ____ : ____ Uhr

Wassertemperatur: _____°C   **Lufttemperatur:** _____°C

Wasserstand
☐ niedrig
☐ normal
☐ hoch

Wasserfärbung
☐ klar
☐ leicht trüb
☐ trüb
☐ sehr trüb

Wetter
☐ sonnig
☐ wechselhaft
☐ bewölkt
☐ Regen
☐ Schnee

Windstärke
☐ still
☐ leicht
☐ kräftig
☐ stürmisch

Windrichtung
☐ Nord
☐ Ost
☐ Süd
☐ West

Tide
☐ niedrig
☐ fließend
☐ ablaufend
☐ hoch

Luftdruck
☐ ↑
☐ →
☐ ↓
____ mba

Mondphase
☐ neu
☐ zunehmend
☐ voll
☐ abnehmend

Fischart	Uhrzeit	Länge	Gewicht	Köder	Montage	Tiefe / Platz
	:	cm	g			
	:	cm	g			
	:	cm	g			
	:	cm	g			
	:	cm	g			
	:	cm	g			
	:	cm	g			
	:	cm	g			
	:	cm	g			
	:	cm	g			

nerkungen:

Gewässer: _____

GPS: _____°_____'_____" N/S

_____°_____'_____" O/W

Datum: _____ / _____ / 20_____

Beginn: _____ : _____ Uhr

Ende: _____ : _____ Uhr

Wassertemperatur: _____°C   Lufttemperatur: _____°C

Wasserstand
- [ ] niedrig
- [ ] normal
- [ ] hoch

Wasserfärbung
- [ ] klar
- [ ] leicht trüb
- [ ] trüb
- [ ] sehr trüb

Wetter
- [ ] sonnig
- [ ] wechselhaft
- [ ] bewölkt
- [ ] Regen
- [ ] Schnee

Windstärke
- [ ] still
- [ ] leicht
- [ ] kräftig
- [ ] stürmisch

Windrichtung
- [ ] Nord
- [ ] Ost
- [ ] Süd
- [ ] West

Tide
- [ ] niedrig
- [ ] fließend
- [ ] ablaufend
- [ ] hoch

Luftdruck
- [ ] ↑
- [ ] →
- [ ] ↓
- _____ mba

Mondphase
- [ ] neu
- [ ] zunehmend
- [ ] voll
- [ ] abnehmend

Fischart	Uhrzeit	Länge	Gewicht	Köder	Montage	Tiefe / Platz
	:	cm	g			
	:	cm	g			
	:	cm	g			
	:	cm	g			
	:	cm	g			
	:	cm	g			
	:	cm	g			
	:	cm	g			
	:	cm	g			
	:	cm	g			

nerkungen:

Gewässer: _____	Datum: _____ / _____ / 20____
GPS: _____°_____'_____" N/S	Beginn: _____ : _____ Uhr
_____°_____'_____" O/W	Ende: _____ : _____ Uhr

Wassertemperatur: _____°C   Lufttemperatur: _____°C

Wasserstand
- [ ] niedrig
- [ ] normal
- [ ] hoch

Wasserfärbung
- [ ] klar
- [ ] leicht trüb
- [ ] trüb
- [ ] sehr trüb

Wetter
- [ ] sonnig
- [ ] wechselhaft
- [ ] bewölkt
- [ ] Regen
- [ ] Schnee

Windstärke
- [ ] still
- [ ] leicht
- [ ] kräftig
- [ ] stürmisch

Windrichtung
- [ ] Nord
- [ ] Ost
- [ ] Süd
- [ ] West

Tide
- [ ] niedrig
- [ ] fließend
- [ ] ablaufend
- [ ] hoch

Luftdruck
- [ ] ↑
- [ ] →
- [ ] ↓
- _____ mba

Mondphase
- [ ] neu
- [ ] zunehmend
- [ ] voll
- [ ] abnehmend

Fischart	Uhrzeit	Länge	Gewicht	Köder	Montage	Tiefe / Platz
	:	cm	g			
	:	cm	g			
	:	cm	g			
	:	cm	g			
	:	cm	g			
	:	cm	g			
	:	cm	g			
	:	cm	g			
	:	cm	g			
	:	cm	g			

nerkungen:

Gewässer: _____

GPS: _____ ° _____ ' _____ " N/S

_____ ° _____ ' _____ " O/W

Datum: _____ / _____ / 20_____

Beginn: _____ : _____ Uhr

Ende: _____ : _____ Uhr

Wassertemperatur: _____ °C   **Lufttemperatur:** _____ °C

Wasserstand
- [ ] niedrig
- [ ] normal
- [ ] hoch

Wasserfärbung
- [ ] klar
- [ ] leicht trüb
- [ ] trüb
- [ ] sehr trüb

Wetter
- [ ] sonnig
- [ ] wechselhaft
- [ ] bewölkt
- [ ] Regen
- [ ] Schnee

Windstärke
- [ ] still
- [ ] leicht
- [ ] kräftig
- [ ] stürmisch

Windrichtung
- [ ] Nord
- [ ] Ost
- [ ] Süd
- [ ] West

Tide
- [ ] niedrig
- [ ] fließend
- [ ] ablaufend
- [ ] hoch

Luftdruck
- [ ] ↑
- [ ] →
- [ ] ↓
- _____ mba

Mondphase
- [ ] neu
- [ ] zunehmend
- [ ] voll
- [ ] abnehmend

Fischart	Uhrzeit	Länge	Gewicht	Köder	Montage	Tiefe / Platz
	:	cm	g			
	:	cm	g			
	:	cm	g			
	:	cm	g			
	:	cm	g			
	:	cm	g			
	:	cm	g			
	:	cm	g			
	:	cm	g			
	:	cm	g			

merkungen:

Gewässer: _____

GPS: _____ ° _____ ' _____ " N/S

_____ ° _____ ' _____ " O/W

Datum: _____ / _____ / 20____

Beginn: _____ : _____ Uhr

Ende: _____ : _____ Uhr

Wassertemperatur: _____ °C   Lufttemperatur: _____ °C

Wasserstand
- [ ] niedrig
- [ ] normal
- [ ] hoch

Wasserfärbung
- [ ] klar
- [ ] leicht trüb
- [ ] trüb
- [ ] sehr trüb

Wetter
- [ ] sonnig
- [ ] wechselhaft
- [ ] bewölkt
- [ ] Regen
- [ ] Schnee

Windstärke
- [ ] still
- [ ] leicht
- [ ] kräftig
- [ ] stürmisch

Windrichtung
- [ ] Nord
- [ ] Ost
- [ ] Süd
- [ ] West

Tide
- [ ] niedrig
- [ ] fließend
- [ ] ablaufend
- [ ] hoch

Luftdruck
- [ ] ↑
- [ ] →
- [ ] ↓
- _____ mba

Mondphase
- [ ] neu
- [ ] zunehmend
- [ ] voll
- [ ] abnehmend

Fischart	Uhrzeit	Länge	Gewicht	Köder	Montage	Tiefe / Platz
	:	cm	g			
	:	cm	g			
	:	cm	g			
	:	cm	g			
	:	cm	g			
	:	cm	g			
	:	cm	g			
	:	cm	g			
	:	cm	g			
	:	cm	g			

merkungen:

Meine Notizen

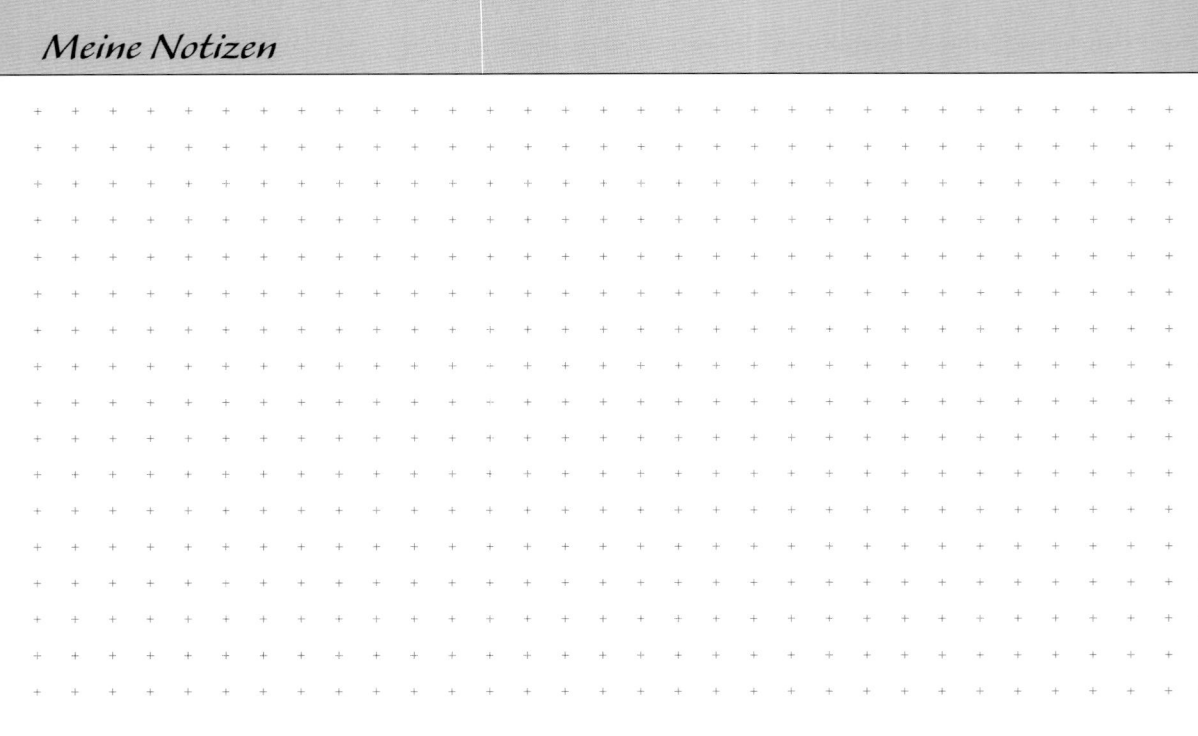

Gewässer: _____

GPS: _____ ° _____ ' _____ " N/S
_____ ° _____ ' _____ " O/W

Datum: _____ / _____ / 20 _____
Beginn: _____ : _____ Uhr
Ende: _____ : _____ Uhr

Wassertemperatur: _____ °C   **Lufttemperatur:** _____ °C

Wasserstand
☐ niedrig
☐ normal
☐ hoch

Wasserfärbung
☐ klar
☐ leicht trüb
☐ trüb
☐ sehr trüb

Wetter
☐ sonnig
☐ wechselhaft
☐ bewölkt
☐ Regen
☐ Schnee

Windstärke
☐ still
☐ leicht
☐ kräftig
☐ stürmisch

Windrichtung
☐ Nord
☐ Ost
☐ Süd
☐ West

Tide
☐ niedrig
☐ fließend
☐ ablaufend
☐ hoch

Luftdruck
☐ ↑
☐ →
☐ ↓
_____ mba

Mondphase
☐ neu
☐ zunehmend
☐ voll
☐ abnehmend

Fischart	Uhrzeit	Länge	Gewicht	Köder	Montage	Tiefe / Platz
	:	cm	g			
	:	cm	g			
	:	cm	g			
	:	cm	g			
	:	cm	g			
	:	cm	g			
	:	cm	g			
	:	cm	g			
	:	cm	g			
	:	cm	g			

Bemerkungen:

Gewässer: _____

GPS: _____ ° _____ ' _____ " N/S

_____ ° _____ ' _____ " O/W

Datum: _____ / _____ / 20_____

Beginn: _____ : _____ Uhr

Ende: _____ : _____ Uhr

Wassertemperatur: _____°C   Lufttemperatur: _____°C

Wasserstand
- [ ] niedrig
- [ ] normal
- [ ] hoch

Wasserfärbung
- [ ] klar
- [ ] leicht trüb
- [ ] trüb
- [ ] sehr trüb

Wetter
- [ ] sonnig
- [ ] wechselhaft
- [ ] bewölkt
- [ ] Regen
- [ ] Schnee

Windstärke
- [ ] still
- [ ] leicht
- [ ] kräftig
- [ ] stürmisch

Windrichtung
- [ ] Nord
- [ ] Ost
- [ ] Süd
- [ ] West

Tide
- [ ] niedrig
- [ ] fließend
- [ ] ablaufend
- [ ] hoch

Luftdruck
- [ ] ↑
- [ ] →
- [ ] ↓
- _____ mba

Mondphase
- [ ] neu
- [ ] zunehmend
- [ ] voll
- [ ] abnehmend

Fischart	Uhrzeit	Länge	Gewicht	Köder	Montage	Tiefe / Platz
	:	cm	g			
	:	cm	g			
	:	cm	g			
	:	cm	g			
	:	cm	g			
	:	cm	g			
	:	cm	g			
	:	cm	g			
	:	cm	g			
	:	cm	g			

merkungen:

Gewässer: _____

GPS: ____° ____' ____" N/S
____° ____' ____" O/W

Datum: ____ / ____ / 20____
Beginn: ____ : ____ Uhr
Ende: ____ : ____ Uhr

Wassertemperatur: _____°C   **Lufttemperatur:** _____°C

Wasserstand
- [ ] niedrig
- [ ] normal
- [ ] hoch

Wasserfärbung
- [ ] klar
- [ ] leicht trüb
- [ ] trüb
- [ ] sehr trüb

Wetter
- [ ] sonnig
- [ ] wechselhaft
- [ ] bewölkt
- [ ] Regen
- [ ] Schnee

Windstärke
- [ ] still
- [ ] leicht
- [ ] kräftig
- [ ] stürmisch

Windrichtung
- [ ] Nord
- [ ] Ost
- [ ] Süd
- [ ] West

Tide
- [ ] niedrig
- [ ] fließend
- [ ] ablaufend
- [ ] hoch

Luftdruck
- [ ] ↑
- [ ] →
- [ ] ↓
____ mba

Mondphase
- [ ] neu
- [ ] zunehmend
- [ ] voll
- [ ] abnehmend

Fischart	Uhrzeit	Länge	Gewicht	Köder	Montage	Tiefe / Platz
	:	cm	g			
	:	cm	g			
	:	cm	g			
	:	cm	g			
	:	cm	g			
	:	cm	g			
	:	cm	g			
	:	cm	g			
	:	cm	g			
	:	cm	g			

nerkungen:

Gewässer: _____

GPS: _____ ° _____ ' _____ " N/S

_____ ° _____ ' _____ " O/W

Datum: _____ / _____ / 20_____

Beginn: _____ : _____ Uhr

Ende: _____ : _____ Uhr

Wassertemperatur: _____ °C   **Lufttemperatur:** _____ °C

Wasserstand
- ☐ niedrig
- ☐ normal
- ☐ hoch

Wasserfärbung
- ☐ klar
- ☐ leicht trüb
- ☐ trüb
- ☐ sehr trüb

Wetter
- ☐ sonnig
- ☐ wechselhaft
- ☐ bewölkt
- ☐ Regen
- ☐ Schnee

Windstärke
- ☐ still
- ☐ leicht
- ☐ kräftig
- ☐ stürmisch

Windrichtung
- ☐ Nord
- ☐ Ost
- ☐ Süd
- ☐ West

Tide
- ☐ niedrig
- ☐ fließend
- ☐ ablaufend
- ☐ hoch

Luftdruck
- ☐ ↑
- ☐ →
- ☐ ↓
- _____ mba

Mondphase
- ☐ neu
- ☐ zunehmend
- ☐ voll
- ☐ abnehmend

Fischart	Uhrzeit	Länge	Gewicht	Köder	Montage	Tiefe / Platz
	:	cm	g			
	:	cm	g			
	:	cm	g			
	:	cm	g			
	:	cm	g			
	:	cm	g			
	:	cm	g			
	:	cm	g			
	:	cm	g			
	:	cm	g			

merkungen:

Gewässer: _____

GPS: ____°____'_____" N/S

____°____'_____" O/W

Datum: _____ / _____ / 20____

Beginn: _____ : _____ Uhr

Ende: _____ : _____ Uhr

Wassertemperatur: _____°C   Lufttemperatur: _____°C

Wasserstand
- ☐ niedrig
- ☐ normal
- ☐ hoch

Wasserfärbung
- ☐ klar
- ☐ leicht trüb
- ☐ trüb
- ☐ sehr trüb

Wetter
- ☐ sonnig
- ☐ wechselhaft
- ☐ bewölkt
- ☐ Regen
- ☐ Schnee

Windstärke
- ☐ still
- ☐ leicht
- ☐ kräftig
- ☐ stürmisch

Windrichtung
- ☐ Nord
- ☐ Ost
- ☐ Süd
- ☐ West

Tide
- ☐ niedrig
- ☐ fließend
- ☐ ablaufend
- ☐ hoch

Luftdruck
- ☐ ↑
- ☐ →
- ☐ ↓
- _____ mba

Mondphase
- ☐ neu
- ☐ zunehmend
- ☐ voll
- ☐ abnehmend

Fischart	Uhrzeit	Länge	Gewicht	Köder	Montage	Tiefe / Platz
	:	cm	g			
	:	cm	g			
	:	cm	g			
	:	cm	g			
	:	cm	g			
	:	cm	g			
	:	cm	g			
	:	cm	g			
	:	cm	g			
	:	cm	g			

merkungen:

Meine Notizen

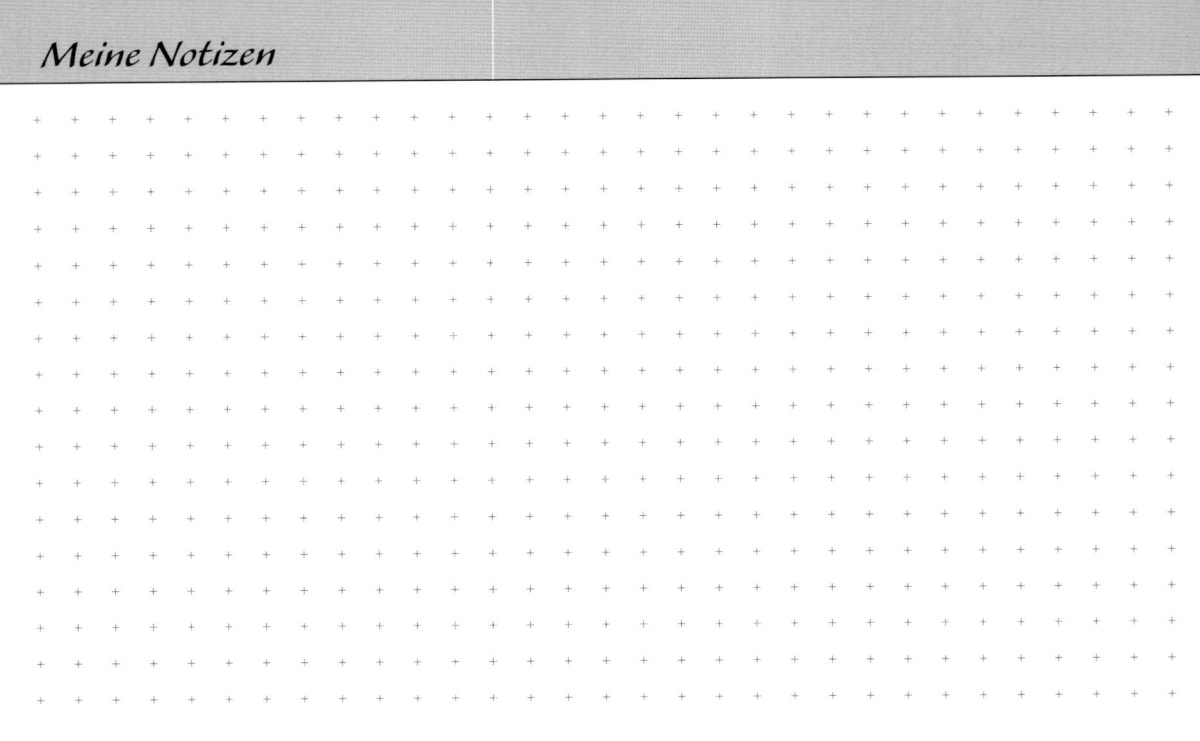

Gewässer: _____

GPS: _____ ° _____ ' _____ " N/S

_____ ° _____ ' _____ " O/W

Datum: _____ / _____ / 20_____

Beginn: _____ : _____ Uhr

Ende: _____ : _____ Uhr

Wassertemperatur: _____ °C   **Lufttemperatur:** _____ °C

Wasserstand
- [ ] niedrig
- [ ] normal
- [ ] hoch

Wasserfärbung
- [ ] klar
- [ ] leicht trüb
- [ ] trüb
- [ ] sehr trüb

Wetter
- [ ] sonnig
- [ ] wechselhaft
- [ ] bewölkt
- [ ] Regen
- [ ] Schnee

Windstärke
- [ ] still
- [ ] leicht
- [ ] kräftig
- [ ] stürmisch

Windrichtung
- [ ] Nord
- [ ] Ost
- [ ] Süd
- [ ] West

Tide
- [ ] niedrig
- [ ] fließend
- [ ] ablaufend
- [ ] hoch

Luftdruck
- [ ] ↑
- [ ] →
- [ ] ↓
- _____ mba

Mondphase
- [ ] neu
- [ ] zunehmend
- [ ] voll
- [ ] abnehmend

Fischart	Uhrzeit	Länge	Gewicht	Köder	Montage	Tiefe / Platz
	:	cm	g			
	:	cm	g			
	:	cm	g			
	:	cm	g			
	:	cm	g			
	:	cm	g			
	:	cm	g			
	:	cm	g			
	:	cm	g			
	:	cm	g			

merkungen:

Gewässer: _____	Datum: _____ / _____ / 20____
GPS: _____°_____'_____" N/S	Beginn: _____ : _____ Uhr
_____°_____'_____" O/W	Ende: _____ : _____ Uhr

Wassertemperatur: _____°C   Lufttemperatur: _____°C

Wasserstand
- [ ] niedrig
- [ ] normal
- [ ] hoch

Wasserfärbung
- [ ] klar
- [ ] leicht trüb
- [ ] trüb
- [ ] sehr trüb

Wetter
- [ ] sonnig
- [ ] wechselhaft
- [ ] bewölkt
- [ ] Regen
- [ ] Schnee

Windstärke
- [ ] still
- [ ] leicht
- [ ] kräftig
- [ ] stürmisch

Windrichtung
- [ ] Nord
- [ ] Ost
- [ ] Süd
- [ ] West

Tide
- [ ] niedrig
- [ ] fließend
- [ ] ablaufend
- [ ] hoch

Luftdruck
- [ ] ↑
- [ ] →
- [ ] ↓
- _____ mba

Mondphase
- [ ] neu
- [ ] zunehmend
- [ ] voll
- [ ] abnehmend

Fischart	Uhrzeit	Länge	Gewicht	Köder	Montage	Tiefe / Platz
	:	cm	g			
	:	cm	g			
	:	cm	g			
	:	cm	g			
	:	cm	g			
	:	cm	g			
	:	cm	g			
	:	cm	g			
	:	cm	g			
	:	cm	g			

merkungen:

Gewässer: _____

GPS: _____ ° _____ ' _____ " N/S
_____ ° _____ ' _____ " O/W

Datum: _____ / _____ / 20____
Beginn: _____ : _____ Uhr
Ende: _____ : _____ Uhr

Wassertemperatur: _____ °C   **Lufttemperatur:** _____ °C

Wasserstand
- ☐ niedrig
- ☐ normal
- ☐ hoch

Wasserfärbung
- ☐ klar
- ☐ leicht trüb
- ☐ trüb
- ☐ sehr trüb

Wetter
- ☐ sonnig
- ☐ wechselhaft
- ☐ bewölkt
- ☐ Regen
- ☐ Schnee

Windstärke
- ☐ still
- ☐ leicht
- ☐ kräftig
- ☐ stürmisch

Windrichtung
- ☐ Nord
- ☐ Ost
- ☐ Süd
- ☐ West

Tide
- ☐ niedrig
- ☐ fließend
- ☐ ablaufend
- ☐ hoch

Luftdruck
- ☐ ↑
- ☐ →
- ☐ ↓
- _____ mba

Mondphase
- ☐ neu
- ☐ zunehmend
- ☐ voll
- ☐ abnehmend

Fischart	Uhrzeit	Länge	Gewicht	Köder	Montage	Tiefe / Platz
	:	cm	g			
	:	cm	g			
	:	cm	g			
	:	cm	g			
	:	cm	g			
	:	cm	g			
	:	cm	g			
	:	cm	g			
	:	cm	g			
	:	cm	g			

merkungen:

Gewässer: _____

GPS: ____°____'____" N/S
____°____'____" O/W

Datum: ____ / ____ / 20____
Beginn: ____ : ____ Uhr
Ende: ____ : ____ Uhr

Wassertemperatur: _____°C   Lufttemperatur: _____°C

Wasserstand
- [ ] niedrig
- [ ] normal
- [ ] hoch

Wasserfärbung
- [ ] klar
- [ ] leicht trüb
- [ ] trüb
- [ ] sehr trüb

Wetter
- [ ] sonnig
- [ ] wechselhaft
- [ ] bewölkt
- [ ] Regen
- [ ] Schnee

Windstärke
- [ ] still
- [ ] leicht
- [ ] kräftig
- [ ] stürmisch

Windrichtung
- [ ] Nord
- [ ] Ost
- [ ] Süd
- [ ] West

Tide
- [ ] niedrig
- [ ] fließend
- [ ] ablaufend
- [ ] hoch

Luftdruck
- [ ] ↑
- [ ] →
- [ ] ↓
- ____ mba

Mondphase
- [ ] neu
- [ ] zunehmend
- [ ] voll
- [ ] abnehmend

Fischart	Uhrzeit	Länge	Gewicht	Köder	Montage	Tiefe / Platz
	:	cm	g			
	:	cm	g			
	:	cm	g			
	:	cm	g			
	:	cm	g			
	:	cm	g			
	:	cm	g			
	:	cm	g			
	:	cm	g			
	:	cm	g			

nerkungen:

Gewässer: _____

GPS: ____°____'____" N/S

____°____'____" O/W

Datum: ____ / ____ / 20____

Beginn: ____ : ____ Uhr

Ende: ____ : ____ Uhr

Wassertemperatur: _____°C   Lufttemperatur: _____°C

Wasserstand
- ☐ niedrig
- ☐ normal
- ☐ hoch

Wasserfärbung
- ☐ klar
- ☐ leicht trüb
- ☐ trüb
- ☐ sehr trüb

Wetter
- ☐ sonnig
- ☐ wechselhaft
- ☐ bewölkt
- ☐ Regen
- ☐ Schnee

Windstärke
- ☐ still
- ☐ leicht
- ☐ kräftig
- ☐ stürmisch

Windrichtung
- ☐ Nord
- ☐ Ost
- ☐ Süd
- ☐ West

Tide
- ☐ niedrig
- ☐ fließend
- ☐ ablaufend
- ☐ hoch

Luftdruck
- ☐ ↑
- ☐ →
- ☐ ↓
- ____ mba

Mondphase
- ☐ neu
- ☐ zunehmend
- ☐ voll
- ☐ abnehmend

Fischart	Uhrzeit	Länge	Gewicht	Köder	Montage	Tiefe / Platz
	:	cm	g			
	:	cm	g			
	:	cm	g			
	:	cm	g			
	:	cm	g			
	:	cm	g			
	:	cm	g			
	:	cm	g			
	:	cm	g			
	:	cm	g			

merkungen:

Meine Notizen

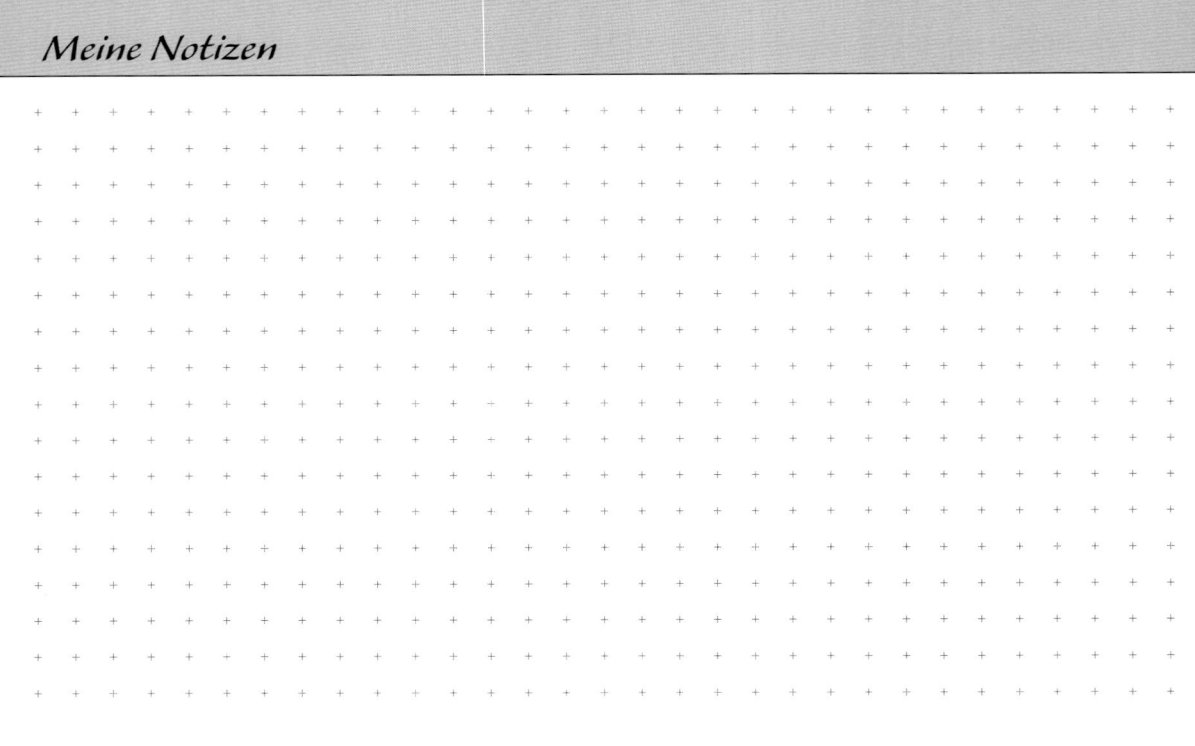

Gewässer: _____

GPS: ____°____'____" N/S

____°____'____" O/W

Datum: ____ / ____ / 20____

Beginn: ____ : ____ Uhr

Ende: ____ : ____ Uhr

Wassertemperatur: _____°C   Lufttemperatur: _____°C

Wasserstand
- [ ] niedrig
- [ ] normal
- [ ] hoch

Wasserfärbung
- [ ] klar
- [ ] leicht trüb
- [ ] trüb
- [ ] sehr trüb

Wetter
- [ ] sonnig
- [ ] wechselhaft
- [ ] bewölkt
- [ ] Regen
- [ ] Schnee

Windstärke
- [ ] still
- [ ] leicht
- [ ] kräftig
- [ ] stürmisch

Windrichtung
- [ ] Nord
- [ ] Ost
- [ ] Süd
- [ ] West

Tide
- [ ] niedrig
- [ ] fließend
- [ ] ablaufend
- [ ] hoch

Luftdruck
- [ ] ↑
- [ ] →
- [ ] ↓
- ____ mba

Mondphase
- [ ] neu
- [ ] zunehmend
- [ ] voll
- [ ] abnehmend

Fischart	Uhrzeit	Länge	Gewicht	Köder	Montage	Tiefe / Platz
	:	cm	g			
	:	cm	g			
	:	cm	g			
	:	cm	g			
	:	cm	g			
	:	cm	g			
	:	cm	g			
	:	cm	g			
	:	cm	g			
	:	cm	g			

merkungen:

Gewässer: _____

GPS: ____°____'_____" N/S

____°____'_____" O/W

Datum: _____ / _____ / 20____

Beginn: _____ : _____ Uhr

Ende: _____ : _____ Uhr

Wassertemperatur: _____°C   Lufttemperatur: _____°C

Wasserstand
- [ ] niedrig
- [ ] normal
- [ ] hoch

Wasserfärbung
- [ ] klar
- [ ] leicht trüb
- [ ] trüb
- [ ] sehr trüb

Wetter
- [ ] sonnig
- [ ] wechselhaft
- [ ] bewölkt
- [ ] Regen
- [ ] Schnee

Windstärke
- [ ] still
- [ ] leicht
- [ ] kräftig
- [ ] stürmisch

Windrichtung
- [ ] Nord
- [ ] Ost
- [ ] Süd
- [ ] West

Tide
- [ ] niedrig
- [ ] fließend
- [ ] ablaufend
- [ ] hoch

Luftdruck
- [ ] ↑
- [ ] →
- [ ] ↓
- _____ mba

Mondphase
- [ ] neu
- [ ] zunehmend
- [ ] voll
- [ ] abnehmend

Fischart	Uhrzeit	Länge	Gewicht	Köder	Montage	Tiefe / Platz
	:	cm	g			
	:	cm	g			
	:	cm	g			
	:	cm	g			
	:	cm	g			
	:	cm	g			
	:	cm	g			
	:	cm	g			
	:	cm	g			
	:	cm	g			

merkungen:

Gewässer: _____

GPS: _____ ° _____ ' _____ " N/S

_____ ° _____ ' _____ " O/W

Datum: _____ / _____ / 20 _____

Beginn: _____ : _____ Uhr

Ende: _____ : _____ Uhr

Wassertemperatur: _____ °C   **Lufttemperatur:** _____ °C

Wasserstand
☐ niedrig
☐ normal
☐ hoch

Wasserfärbung
☐ klar
☐ leicht trüb
☐ trüb
☐ sehr trüb

Wetter
☐ sonnig
☐ wechselhaft
☐ bewölkt
☐ Regen
☐ Schnee

Windstärke
☐ still
☐ leicht
☐ kräftig
☐ stürmisch

Windrichtung
☐ Nord
☐ Ost
☐ Süd
☐ West

Tide
☐ niedrig
☐ fließend
☐ ablaufend
☐ hoch

Luftdruck
☐ ↑
☐ →
☐ ↓
_____ mba

Mondphase
☐ neu
☐ zunehmend
☐ voll
☐ abnehmend

Fischart	Uhrzeit	Länge	Gewicht	Köder	Montage	Tiefe / Platz
	:	cm	g			
	:	cm	g			
	:	cm	g			
	:	cm	g			
	:	cm	g			
	:	cm	g			
	:	cm	g			
	:	cm	g			
	:	cm	g			
	:	cm	g			

nerkungen:

Gewässer: _____

GPS: _____ ° _____ ' _____ " N/S

_____ ° _____ ' _____ " O/W

Datum: _____ / _____ / 20____

Beginn: _____ : _____ Uhr

Ende: _____ : _____ Uhr

Wassertemperatur: _____ °C   Lufttemperatur: _____ °C

Wasserstand
- [ ] niedrig
- [ ] normal
- [ ] hoch

Wasserfärbung
- [ ] klar
- [ ] leicht trüb
- [ ] trüb
- [ ] sehr trüb

Wetter
- [ ] sonnig
- [ ] wechselhaft
- [ ] bewölkt
- [ ] Regen
- [ ] Schnee

Windstärke
- [ ] still
- [ ] leicht
- [ ] kräftig
- [ ] stürmisch

Windrichtung
- [ ] Nord
- [ ] Ost
- [ ] Süd
- [ ] West

Tide
- [ ] niedrig
- [ ] fließend
- [ ] ablaufend
- [ ] hoch

Luftdruck
- [ ] ↑
- [ ] →
- [ ] ↓
_____ mba

Mondphase
- [ ] neu
- [ ] zunehmend
- [ ] voll
- [ ] abnehmend

Fischart	Uhrzeit	Länge	Gewicht	Köder	Montage	Tiefe / Platz
	:	cm	g			
	:	cm	g			
	:	cm	g			
	:	cm	g			
	:	cm	g			
	:	cm	g			
	:	cm	g			
	:	cm	g			
	:	cm	g			
	:	cm	g			

nerkungen:

Gewässer: _____

GPS: _____° _____' _____" N/S

_____° _____' _____" O/W

Datum: _____ / _____ / 20___

Beginn: _____ : _____ Uhr

Ende: _____ : _____ Uhr

Wassertemperatur: _____°C   **Lufttemperatur:** _____°C

Wasserstand
- [ ] niedrig
- [ ] normal
- [ ] hoch

Wasserfärbung
- [ ] klar
- [ ] leicht trüb
- [ ] trüb
- [ ] sehr trüb

Wetter
- [ ] sonnig
- [ ] wechselhaft
- [ ] bewölkt
- [ ] Regen
- [ ] Schnee

Windstärke
- [ ] still
- [ ] leicht
- [ ] kräftig
- [ ] stürmisch

Windrichtung
- [ ] Nord
- [ ] Ost
- [ ] Süd
- [ ] West

Tide
- [ ] niedrig
- [ ] fließend
- [ ] ablaufend
- [ ] hoch

Luftdruck
- [ ] ↑
- [ ] →
- [ ] ↓

_____ mba

Mondphase
- [ ] neu
- [ ] zunehmend
- [ ] voll
- [ ] abnehmend

Fischart	Uhrzeit	Länge	Gewicht	Köder	Montage	Tiefe / Platz
	:	cm	g			
	:	cm	g			
	:	cm	g			
	:	cm	g			
	:	cm	g			
	:	cm	g			
	:	cm	g			
	:	cm	g			
	:	cm	g			
	:	cm	g			

merkungen:

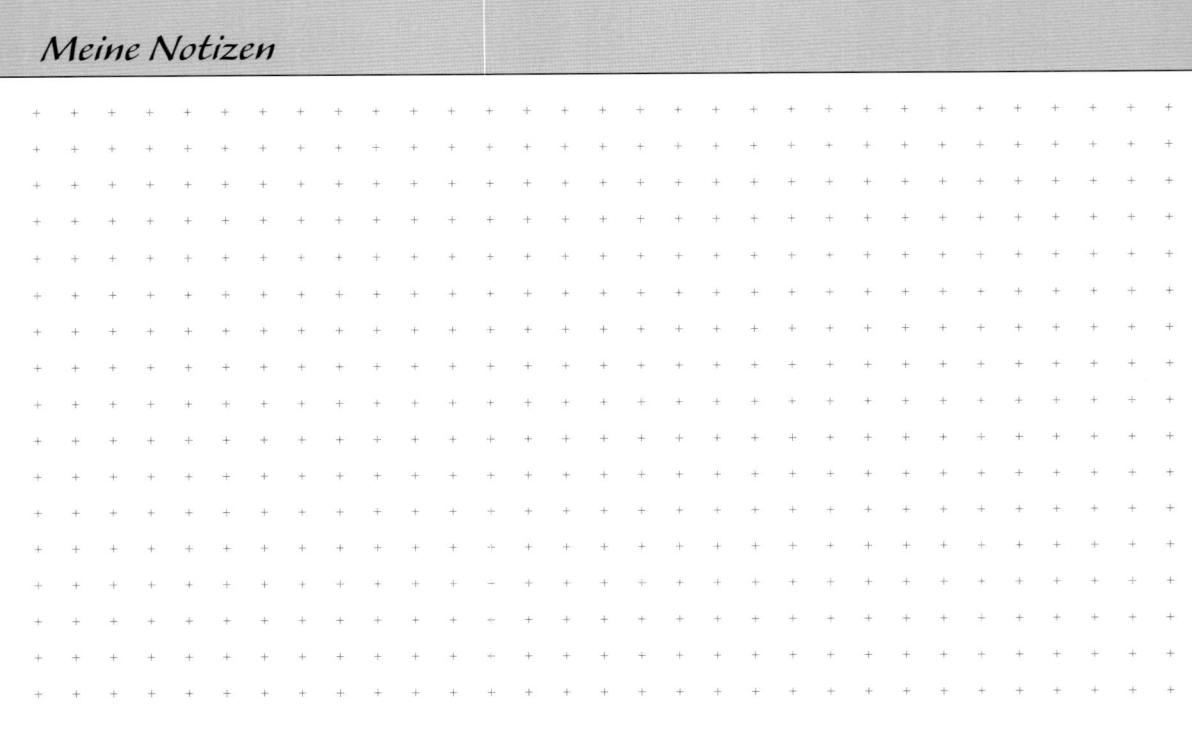

Meine Notizen

Gewässer: _____		Datum: _____ / _____ / 20_____
GPS: _____ ° _____ ' _____ " N/S		Beginn: _____ : _____ Uhr
_____ ° _____ ' _____ " O/W		Ende: _____ : _____ Uhr

Wassertemperatur: _____°C   **Lufttemperatur:** _____°C

Wasserstand
- [ ] niedrig
- [ ] normal
- [ ] hoch

Wasserfärbung
- [ ] klar
- [ ] leicht trüb
- [ ] trüb
- [ ] sehr trüb

Wetter
- [ ] sonnig
- [ ] wechselhaft
- [ ] bewölkt
- [ ] Regen
- [ ] Schnee

Windstärke
- [ ] still
- [ ] leicht
- [ ] kräftig
- [ ] stürmisch

Windrichtung
- [ ] Nord
- [ ] Ost
- [ ] Süd
- [ ] West

Tide
- [ ] niedrig
- [ ] fließend
- [ ] ablaufend
- [ ] hoch

Luftdruck
- [ ] ↑
- [ ] →
- [ ] ↓
- _____ mba

Mondphase
- [ ] neu
- [ ] zunehmend
- [ ] voll
- [ ] abnehmend

Fischart	Uhrzeit	Länge	Gewicht	Köder	Montage	Tiefe / Platz
	:	cm	g			
	:	cm	g			
	:	cm	g			
	:	cm	g			
	:	cm	g			
	:	cm	g			
	:	cm	g			
	:	cm	g			
	:	cm	g			
	:	cm	g			

nerkungen:

Gewässer: _____

GPS: _____ ° _____ ' _____ " N/S

_____ ° _____ ' _____ " O/W

Datum: _____ / _____ / 20 _____

Beginn: _____ : _____ Uhr

Ende: _____ : _____ Uhr

Wassertemperatur: _____ °C   **Lufttemperatur:** _____ °C

Wasserstand
- [ ] niedrig
- [ ] normal
- [ ] hoch

Wasserfärbung
- [ ] klar
- [ ] leicht trüb
- [ ] trüb
- [ ] sehr trüb

Wetter
- [ ] sonnig
- [ ] wechselhaft
- [ ] bewölkt
- [ ] Regen
- [ ] Schnee

Windstärke
- [ ] still
- [ ] leicht
- [ ] kräftig
- [ ] stürmisch

Windrichtung
- [ ] Nord
- [ ] Ost
- [ ] Süd
- [ ] West

Tide
- [ ] niedrig
- [ ] fließend
- [ ] ablaufend
- [ ] hoch

Luftdruck
- [ ] ↑
- [ ] →
- [ ] ↓
- _____ mba

Mondphase
- [ ] neu
- [ ] zunehmend
- [ ] voll
- [ ] abnehmend

Fischart	Uhrzeit	Länge	Gewicht	Köder	Montage	Tiefe / Platz
	:	cm	g			
	:	cm	g			
	:	cm	g			
	:	cm	g			
	:	cm	g			
	:	cm	g			
	:	cm	g			
	:	cm	g			
	:	cm	g			
	:	cm	g			

nerkungen:

Gewässer: _____

GPS: ____ ° ____ ' _____ " N/S

____ ° ____ ' _____ " O/W

Datum: _____ / _____ / 20 ____

Beginn: _____ : _____ Uhr

Ende: _____ : _____ Uhr

Wassertemperatur: _____ °C   Lufttemperatur: _____ °C

Wasserstand
- [ ] niedrig
- [ ] normal
- [ ] hoch

Wasserfärbung
- [ ] klar
- [ ] leicht trüb
- [ ] trüb
- [ ] sehr trüb

Wetter
- [ ] sonnig
- [ ] wechselhaft
- [ ] bewölkt
- [ ] Regen
- [ ] Schnee

Windstärke
- [ ] still
- [ ] leicht
- [ ] kräftig
- [ ] stürmisch

Windrichtung
- [ ] Nord
- [ ] Ost
- [ ] Süd
- [ ] West

Tide
- [ ] niedrig
- [ ] fließend
- [ ] ablaufend
- [ ] hoch

Luftdruck
- [ ] ↑
- [ ] →
- [ ] ↓
- _____ mba

Mondphase
- [ ] neu
- [ ] zunehmend
- [ ] voll
- [ ] abnehmend

Fischart	Uhrzeit	Länge	Gewicht	Köder	Montage	Tiefe / Platz
	:	cm	g			
	:	cm	g			
	:	cm	g			
	:	cm	g			
	:	cm	g			
	:	cm	g			
	:	cm	g			
	:	cm	g			
	:	cm	g			
	:	cm	g			

nerkungen:

Gewässer: _____

GPS: ____° ____' _____" N/S

____° ____' _____" O/W

Datum: _____ / _____ / 20____

Beginn: _____ : _____ Uhr

Ende: _____ : _____ Uhr

Wassertemperatur: _____ °C   Lufttemperatur: _____ °C

Wasserstand
- ☐ niedrig
- ☐ normal
- ☐ hoch

Wasserfärbung
- ☐ klar
- ☐ leicht trüb
- ☐ trüb
- ☐ sehr trüb

Wetter
- ☐ sonnig
- ☐ wechselhaft
- ☐ bewölkt
- ☐ Regen
- ☐ Schnee

Windstärke
- ☐ still
- ☐ leicht
- ☐ kräftig
- ☐ stürmisch

Windrichtung
- ☐ Nord
- ☐ Ost
- ☐ Süd
- ☐ West

Tide
- ☐ niedrig
- ☐ fließend
- ☐ ablaufend
- ☐ hoch

Luftdruck
- ☐ ↑
- ☐ →
- ☐ ↓
- _____ mba

Mondphase
- ☐ neu
- ☐ zunehmend
- ☐ voll
- ☐ abnehmend

Fischart	Uhrzeit	Länge	Gewicht	Köder	Montage	Tiefe / Platz
	:	cm	g			
	:	cm	g			
	:	cm	g			
	:	cm	g			
	:	cm	g			
	:	cm	g			
	:	cm	g			
	:	cm	g			
	:	cm	g			
	:	cm	g			

nerkungen:

Gewässer: _____

GPS: _____° _____' _____" N/S

_____° _____' _____" O/W

Datum: _____ / _____ / 20_____

Beginn: _____ : _____ Uhr

Ende: _____ : _____ Uhr

Wassertemperatur: _____°C   **Lufttemperatur:** _____°C

Wasserstand
- [ ] niedrig
- [ ] normal
- [ ] hoch

Wasserfärbung
- [ ] klar
- [ ] leicht trüb
- [ ] trüb
- [ ] sehr trüb

Wetter
- [ ] sonnig
- [ ] wechselhaft
- [ ] bewölkt
- [ ] Regen
- [ ] Schnee

Windstärke
- [ ] still
- [ ] leicht
- [ ] kräftig
- [ ] stürmisch

Windrichtung
- [ ] Nord
- [ ] Ost
- [ ] Süd
- [ ] West

Tide
- [ ] niedrig
- [ ] fließend
- [ ] ablaufend
- [ ] hoch

Luftdruck
- [ ] ↑
- [ ] →
- [ ] ↓
- _____ mba

Mondphase
- [ ] neu
- [ ] zunehmend
- [ ] voll
- [ ] abnehmend

Fischart	Uhrzeit	Länge	Gewicht	Köder	Montage	Tiefe / Platz
	:	cm	g			
	:	cm	g			
	:	cm	g			
	:	cm	g			
	:	cm	g			
	:	cm	g			
	:	cm	g			
	:	cm	g			
	:	cm	g			
	:	cm	g			

merkungen:

Gewässer: _____

GPS: ____°____'_____" N/S

_____°____'_____" O/W

Datum: _____ / _____ / 20____

Beginn: _____ : _____ Uhr

Ende: _____ : _____ Uhr

Wassertemperatur: _____°C   Lufttemperatur: _____°C

Wasserstand
- [ ] niedrig
- [ ] normal
- [ ] hoch

Wasserfärbung
- [ ] klar
- [ ] leicht trüb
- [ ] trüb
- [ ] sehr trüb

Wetter
- [ ] sonnig
- [ ] wechselhaft
- [ ] bewölkt
- [ ] Regen
- [ ] Schnee

Windstärke
- [ ] still
- [ ] leicht
- [ ] kräftig
- [ ] stürmisch

Windrichtung
- [ ] Nord
- [ ] Ost
- [ ] Süd
- [ ] West

Tide
- [ ] niedrig
- [ ] fließend
- [ ] ablaufend
- [ ] hoch

Luftdruck
- [ ] ↑
- [ ] →
- [ ] ↓
- _____ mba

Mondphase
- [ ] neu
- [ ] zunehmend
- [ ] voll
- [ ] abnehmend

Fischart	Uhrzeit	Länge	Gewicht	Köder	Montage	Tiefe / Platz
	:	cm	g			
	:	cm	g			
	:	cm	g			
	:	cm	g			
	:	cm	g			
	:	cm	g			
	:	cm	g			
	:	cm	g			
	:	cm	g			
	:	cm	g			

merkungen:

Gewässer: _____

GPS: _____ ° _____ ' _____ " N/S

_____ ° _____ ' _____ " O/W

Datum: _____ / _____ / 20_____

Beginn: _____ : _____ Uhr

Ende: _____ : _____ Uhr

Wassertemperatur: _____ °C   **Lufttemperatur:** _____ °C

Wasserstand
- [ ] niedrig
- [ ] normal
- [ ] hoch

Wasserfärbung
- [ ] klar
- [ ] leicht trüb
- [ ] trüb
- [ ] sehr trüb

Wetter
- [ ] sonnig
- [ ] wechselhaft
- [ ] bewölkt
- [ ] Regen
- [ ] Schnee

Windstärke
- [ ] still
- [ ] leicht
- [ ] kräftig
- [ ] stürmisch

Windrichtung
- [ ] Nord
- [ ] Ost
- [ ] Süd
- [ ] West

Tide
- [ ] niedrig
- [ ] fließend
- [ ] ablaufend
- [ ] hoch

Luftdruck
- [ ] ↑
- [ ] →
- [ ] ↓
- _____ mba

Mondphase
- [ ] neu
- [ ] zunehmend
- [ ] voll
- [ ] abnehmend

Fischart	Uhrzeit	Länge	Gewicht	Köder	Montage	Tiefe / Platz
	:	cm	g			
	:	cm	g			
	:	cm	g			
	:	cm	g			
	:	cm	g			
	:	cm	g			
	:	cm	g			
	:	cm	g			
	:	cm	g			
	:	cm	g			

merkungen:

Gewässer: _____	Datum: _____ / _____ / 20___
GPS: _____° _____' _____" N/S	Beginn: _____ : _____ Uhr
_____° _____' _____" O/W	Ende: _____ : _____ Uhr

Wassertemperatur: _____°C   Lufttemperatur: _____°C

Wasserstand
- [ ] niedrig
- [ ] normal
- [ ] hoch

Wasserfärbung
- [ ] klar
- [ ] leicht trüb
- [ ] trüb
- [ ] sehr trüb

Wetter
- [ ] sonnig
- [ ] wechselhaft
- [ ] bewölkt
- [ ] Regen
- [ ] Schnee

Windstärke
- [ ] still
- [ ] leicht
- [ ] kräftig
- [ ] stürmisch

Windrichtung
- [ ] Nord
- [ ] Ost
- [ ] Süd
- [ ] West

Tide
- [ ] niedrig
- [ ] fließend
- [ ] ablaufend
- [ ] hoch

Luftdruck
- [ ] ↑
- [ ] →
- [ ] ↓
- _____ mba

Mondphase
- [ ] neu
- [ ] zunehmend
- [ ] voll
- [ ] abnehmend

Fischart	Uhrzeit	Länge	Gewicht	Köder	Montage	Tiefe / Platz
	:	cm	g			
	:	cm	g			
	:	cm	g			
	:	cm	g			
	:	cm	g			
	:	cm	g			
	:	cm	g			
	:	cm	g			
	:	cm	g			
	:	cm	g			

nerkungen: